スッキリわかる!

恋愛心理学

男心・女心の本音がわかる

認知心理学者
匠英一 著

ナツメ社

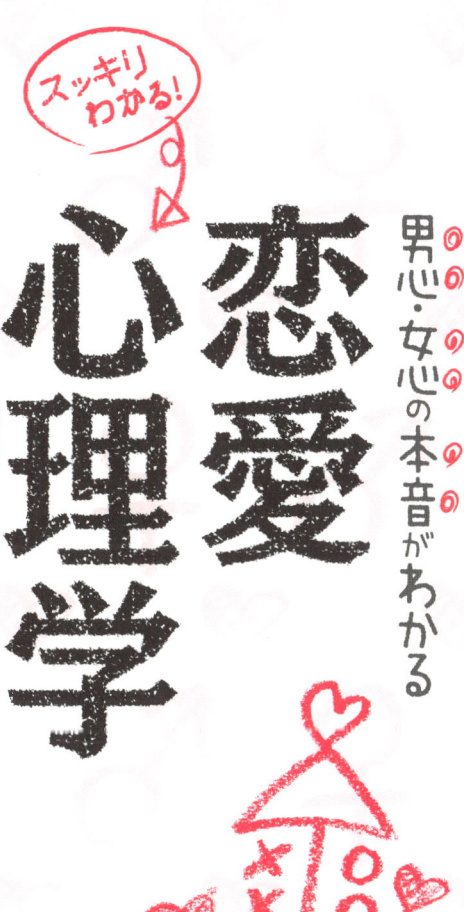

はじめに

恋愛や結婚は誰しも「幸せ」ということと結びつけてプラスイメージをしているものです。ところが、最近の心理調査では、若い人たちほど恋愛などにマイナスイメージを感じているということがわかっています。

これは男性が草食化しているからでしょうか？　それとも女性の経済的な地位が高まってきて、自立し始めたからでしょうか？

確かにこうした問題もありますが、それは表向きの現象にまどわされた見方です。このマイナスイメージをつくっている本当の原因は、実は「幸せ」をどう理解しているかにあるからです。とりわけ、恋愛や結婚に成功すれば、「幸せ」がその後に待っているように思い描いている幻想にあります。

このような「何かを達成すれば幸せになる」という信念は根強いものですが、競争社会が高度化されるにしたがって啓蒙や道徳観の柱となり、経済的な豊かさを求める根拠ともなってきました。

しかし、今やその種の「幸せ」の考え方は一度白紙に戻して、立ち止まって考える時期にきています。そして、さらに真の幸せをつかむために、それを逆転させた見方として「幸せだから成功する」が必要になってきています。

本書はこのような「幸せ」の新しい考え方である「ポジティブ心理学」の立場から、様々なケースを取り上げて解説しています。恋愛をうまくするための心理テクニックの紹介本とは一味違う内容ですが、難しいものではありません。あなた自身の中にある〝強み〟を生かして「幸せ」になるポイントがわかる、そんな内容だからです。

恋愛のきっかけがないと思っている人、恋人の気を引くことができなくて悩んでいる人、「仕事が忙しくてそんな流暢《りゅうちょう》な事など考えてられるか」という人、また結婚生活を惰性《だせい》で送っている気がして離婚の文字もときどき頭によぎる人、そんなあなたに本書はとっておきのカンフル剤として役に立つことでしょう！

認知心理学者　匠　英一

contents

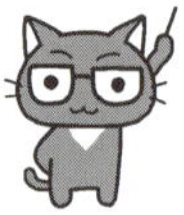

Part 1

ポジティブな心が幸せな恋愛を呼ぶ

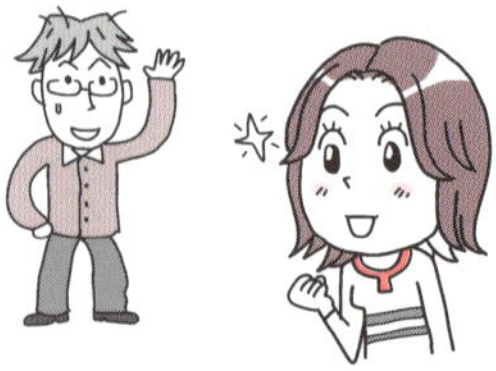

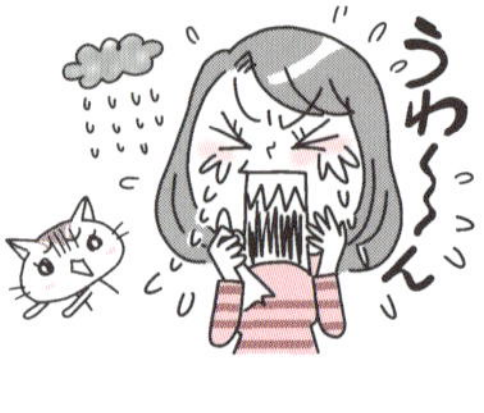

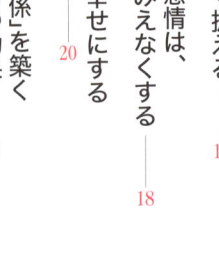

Part 2

幸せな恋愛のために、男女の違いを知っておく

Part 3
恋愛のきっかけは、どこにある？

Part 4 長続きする恋愛と結婚のコツを教えます！

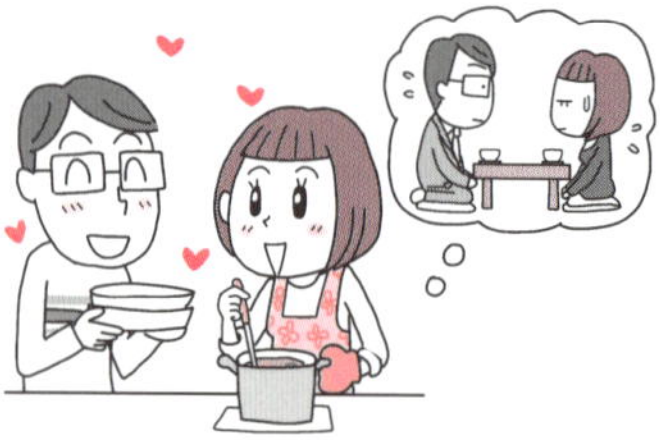

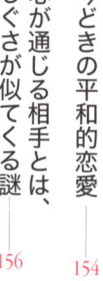

Part 5 恋のトラブルを乗り越えよう！

キ〜ッ
カーッ

PART 1

ポジティブな心が幸せな恋愛を呼ぶ

Part 1

本当の恋とは…

いわれてみれば私、素敵な人と結婚できればこの生活から抜け出せると思っていたわ
つまらない毎日
仕事でミスばかり
残業
結婚
本当の恋愛をするためには自分が幸せだと思えるように変えなくては
それにはまず心の「幸福度」を上げることだよ
幸福度
詳しくはこの本の26ページをみてね
幸福度を上げる…
セロトニンを増やす
幸福度のチェック…
ふむ
それから打ち込めることをみつけるのもいいね
それがあなたの「強み」になるんだ
仕事でも
趣味でも
スポーツでも
「強み」を持つと生き生きとし楽しい、充実した気持ちになれるし
自分よりも恋愛相手のことを考えられる気持ちになれる
「強み」は本当の恋愛の糧になるんだよ
20ページをみてね
わかりましたまず今、幸せだと思えるようになることから始めます
ポジティブ!!
がんばってね
しゅたっ
匠先生ステキ…

その恋心のウラには損得勘定が隠れていないか？

意中の相手を獲得するための恋愛は、本当に幸せになれるのでしょうか？

メリットを求める恋愛には、落とし穴が

この人と恋愛したい…。そう思ったとき、心のどこかで「この人と恋愛して結婚できれば、いい生活ができる。だから好き」とルールを決めていることがあります。

これは「金持ちになれれば幸せになれる」「出世すれば幸せになれる」という発想で、目的に向けてがむしゃらにひた走り、目標を達成しようとする人の心理に似ています。

しかし、目標を達成したとき、その人は本当に幸せになっているのでしょうか？　意外と無理をして健康を害したり、家族を顧みず突っ走り、家庭は崩壊し、幸せとは程遠い暮らしになっているかもしれません。

恋愛も同じで「相手を獲得することで幸せになれる」と自分を取り繕い、恋愛関係や結婚に進んでも「こんなはずじゃなかった」ということがたくさんあります。

今、自分が幸せであることが大切

また、このパターンで求めてしまう恋愛の根底には、「自分の不安を解消したい」という**「生理的欲求」を満たす心理**があります。

「生理的欲求」とは**「衛生要因」**とも呼ばれ、衣食住を満たすことや病気を治すことなど、人間が生きて行くためにいちばん心配することです。

そこを満たすことを目的にした恋愛は、どこか

上させたところで、満足の向上につながるわけではないという性格を持つ。

ルールを決めた恋愛には落とし穴が

LOVE
彼となら、
きっと
幸せな生活が
待っているわ！
ムフッ
イケメン
エリート

今の気持ちは本当に恋なのか？　自分のメリットを追うだけの気持ちになってはいないか、よく考えることが大切

空虚で、満たされず、喜びや幸福感にはつながりません。

お互いを理解し、心が結ばれる恋愛とは、「この人と結婚できれば、安定した生活が送れる」といった先々のことより、まずは今現在、「自分は幸福だ」という「**幸福優位**」であることが前提になります。好きな人がいるなら、自分自身の気持ちをみつめ直してみてください。そして少しでもメリットを追い求める気持ちがあるなら、その観念を捨てることから始めましょう。

生活は豊かだけど…
「衛生要因」を
満たそうとした
恋愛は…
ふんぞり
空虚
満たされない
将来のメリットを考えた恋は、
むなしい日々が
待っているだけかもニャー

衛生要因　衛生要因は、ビジネスの世界でも使われる言葉。少しでも欠けると不平・不満につながる要因で、職場環境では、休憩時間や報酬など。これらに対する不満が解消されてしまえば、それ以上向↗

「好き」という感情は、相手を都合よく捉える

恋心は相手を「正当化」して捉える

心の中の多くに、相手を「好きだ」と思う感情が占めているとき、人はどうしても相手を**正当化**して捉えやすくなります。

例えば勤務先で、恋愛感情を抱いていない人に仕事を依頼したとします。「納期は5日後」と指定したのに連絡もありません。ふつうは「けしからん！」と怒ります。

一方、これが好意を寄せている人だとしたら、「体調を崩し、仕事もできない状態ではないだろうか？」と、相手を正当化して捉えます。

しかも、正当化して捉えている自分に気づいていません。

ありのままの自分を出すことが大事

このように「好き」という感情は、「納期になっても連絡もない」という事実への「**認識**」をゆがめ、相手の欠点をみえなくする落とし穴になります。**相手といい関係をつくる上で大事なことは、お互いを「正当化」をしないこと**です。

「好きだ」という感情は「相手に嫌われたくない」という気持ちを生み、本音の部分にフタをします。そうならないためには、ありのままの自分を素直に表に出すこと、つまり「好きな人の前でいい格好しないこと」。これができることは「**強み**」（20ページ参照）となり、相手といい関係を築くための土壌になります。

無意識のうちに好きな相手を「正当化」して捉えていませんか？

認識　物事の本質や意義などを理解する心の働き。恋愛においては、相手を好きだと思うと、正しい認識がしにくくなる。

「好き」という感情は、相手を正当化する

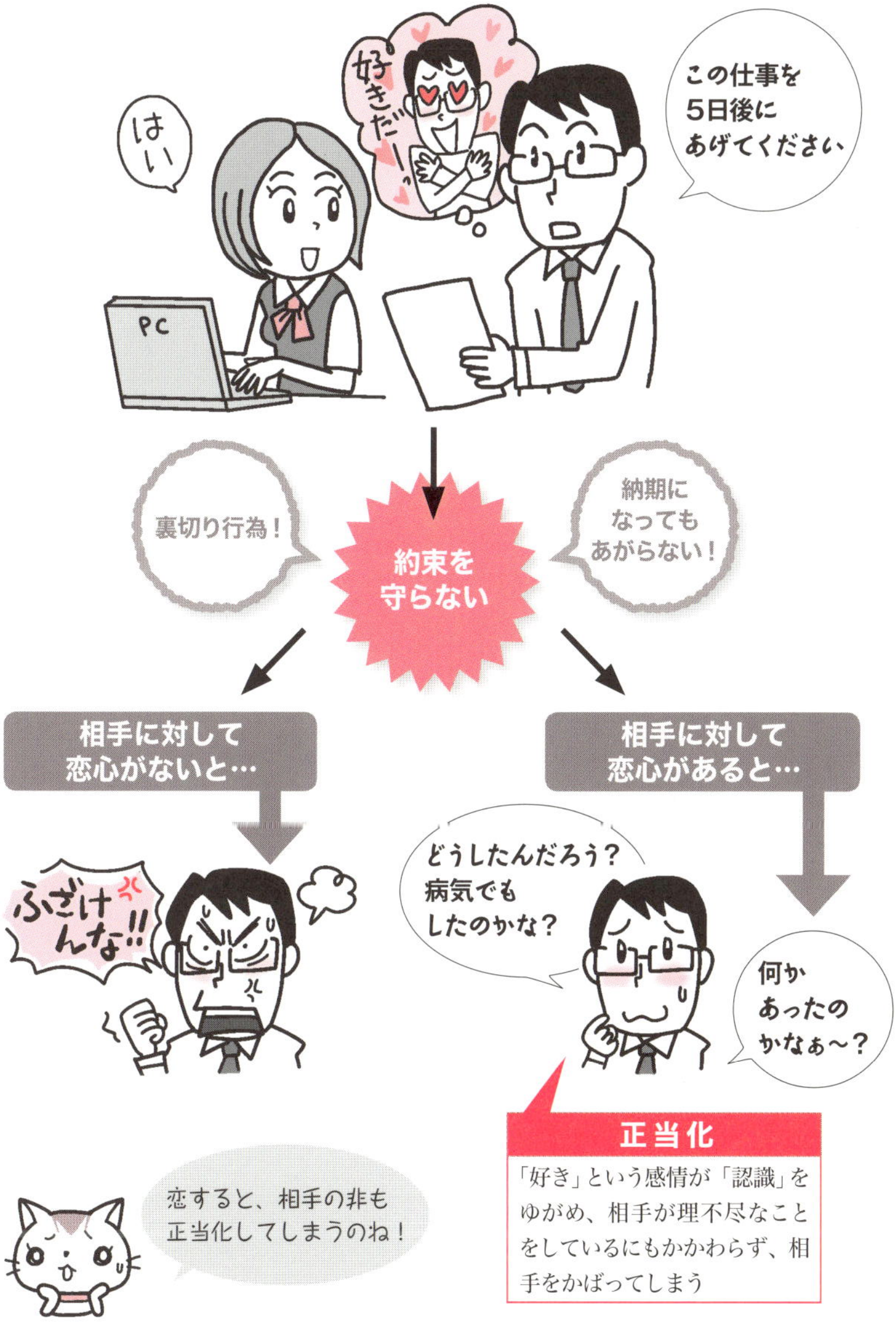

正当化　言動や行動などを、例え間違っていても道理にかなっているようにみせること。

「好き」という感情は、相手の欠点もみえなくする

「恋は盲目」は本当だった

16ページでも述べましたが、**恋をすると相手への認識をゆがめ、正常な判断ができなくなりますが、**実はこれは、脳科学的な側面からも実証されていることです。

脳には「**扁桃体**《へんとうたい》」や「**頭頂**《とうちょう》**・側頭結合部**《そくとうけつごうぶ》」と呼ばれる領域があり、**扁桃体は、本能的に「よくないことだ」「不快だ」と感じる働きを担い、「頭頂・側頭結合部」は、物事を批判的に捉える働きをしています。**ロンドン大学のフィッシャー博士とゼキ博士の研究では、恋をした人の脳では、この部分の働きが鈍ることがわかっています。つまり、相手に欠点があっても、「嫌だ」「不愉快だ」という気持ちが抑えられてしまうため、相手の全てが素晴らしく思えてしまうのです。**「恋は盲目」というのは、本当のこと**なのです。

恋をすると、
相手の全てが
素敵にみえるのは、
なぜなの
でしょうか？

恋をするとエネルギッシュになれる

ところで、恋をすると、デートに遅れた彼（彼女）を何時間も待ったり、明け方まで長電話をしても、疲れることなく平気でいられます。これは、**恋をすると「ドーパミン」という神経伝達物質がたくさん放出されるため**です。ドーパミンには、快楽をもたらす、一つのことに集中させる、エネルギーを湧かせるといった働きがあり、そのため通常では考えられないことをしても、平気でいられるというわけです。

頭頂・側頭結合部　脳の側頭葉と頭頂葉が接する領域で、耳の上のあたりの部分。心の理論と密接に関わっている。

恋をすると正常な判断ができなくなる

抑制!
扁桃体

ロンドン大学のフィッシャー博士とゼキ博士の実験で、恋人の写真をみたとき、脳の「扁桃体」や「頭頂・側頭結合部」の働きが著しく低下していることがわかった

「扁桃体」や「頭頂・側頭結合部」の働きが鈍ると…

↓

マイナス感情が抑えられる

世界中で
一番かっこいい！
彼の笑顔は
世界一！
人が何といおうが、
彼は最高！

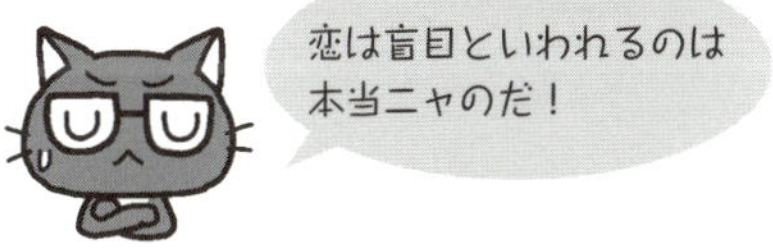
恋は盲目といわれるのは
本当ニャのだ！

ドーパミン　中枢神経系に存在する神経伝達物質で、運動調節やホルモン調節、快楽感情、意欲などに関わる。セロトニンやノルアドレナリンなどと総称してモノアミン系神経伝達物質と呼ぶ。

自分も相手も幸せにする「強み」とは？

「強み」は、自分も他者も幸せにする

「釣りバカ日誌」（松竹系・1988年〜2009年）という映画がありました。主人公のハマちゃんは、会社員としては、今一つぱっとしませんが、釣りにかけては誰にも負けず、釣りをビジネスに生かしたり、周囲の人の気持ちを盛り上げたりします。釣りはハマちゃんにとっての「強み」であり、釣りをすることで周囲の人を幸せにし、また、自分自身も常に活き活きとしています。

　人間の**「強み」**とはまさにこういうことで、何かをしていると、**常に生き生きとし、楽しい、充実しているという感情の状態であること**（感**情面の強み**）。次に、それをやることで**自分自身が成長し、能力が十分に発揮されていること（能力面の強み）**。最後は、それにより**「他者への貢献」が成し遂げられると感じることです（社会面の強み）**。

恋愛でも「強み」を持つことが大切

　恋愛においても「強み」を持つことは大事なこと。この場合は、他者への貢献＝恋人への貢献ということになり、恋人の癒しになっている、助けになっているなど、貢献できることが、いい関係を作るための糧になります。「自分だけが心地よい思いをすればよい」、といった**自己中心的な考えでは、恋愛してもいずれうまくいかなくなります。**

自分自身が
生き生きとして、
充実できる
「強み」を
持っていますか？

強み　「感情面の強み」「能力面の強み」「社会面の強み」のうち、すでに自分が持っているものは何か考えて、そこから強みを広げ、磨くことが大切。

「強み」を生かして、いい関係をつくる

強味とは？

感情面…それをやることで活き活きできる、楽しい、充実している
能力面…相手よりも優れたところがある
社会面…相手に貢献することで、自分が役に立っている

→ **周囲へのいい影響を与える**

恋愛の場合

強みがないと、全てにおいて消極的で、自分自身の成長も望めず、周囲の人にいい影響を与えることはできない。恋愛も難しくなる

自己中心性　自分自身を物事の中心と定義して、世の中の物事を解釈し、他人のことを考えない行動をすること。本人が自覚してないことが多く、友達関係でも恋愛関係の場合でも長続きしなくなる。

恋人と「いい関係」を築く ポジティブ感情の効果

「感情」と「脳の問題解決能力」の関係

「ポジティブ感情」とは、人間が抱く幸福感と関連し、**幸せ**、**喜び**、**満足感などに満ち足りた情緒**のことをいいます。人はポジティブ感情でいることで、物事をより広い目でみて柔軟に考えることができたり、自己判断のゆがみを正したり、相手を正当化せずに冷静に捉えることができます。反対に、「自分は不幸だ」などと、**ネガティブ感情**の状態では、相手（対象）への依存心が強くなり、**相手の容姿など一部分だけをフォーカスしてみてしまいがち**です。そうすると、16ページで紹介したように、相手を正当化し、判断を誤ることもあります。

これは、人間の「**感情**」と「**脳の問題解決能力**」とが深く結びついていることの証《あかし》でもあります。ポジティブ感情によって、問題解決をより円滑にし、物事が悪い方向に流れそうになっても、

恋愛豆知識

明るい性格ならポジティブなの？

「ポジティブ」という言葉の意味は「積極的であるさま」「前向き」など。でも、ポジティブ感情を担うためには、むやみやたらに明るくふるまったり、なんでも前向きに捉えればいいというものではありません。

恋愛においても同様で、相手のありのままの姿を理解し、受け止めて、いい面をみつけ、感謝したり共感したりすることを積極的にしていくことで、初めてポジティブ感情は培われるのです。

相手を柔軟に捉えることが、いい方向に向けた恋愛のスタートです

が進み、ポジティブ感情を経験することで、心身にとってプラスの作用があることがわかってきた。

ポジティブ感情が自己判断のゆがみを正す

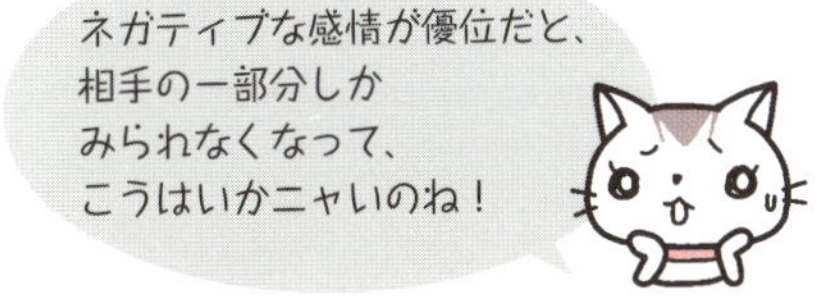

そこに可能性を見出したり、困難にも柔軟に対応して、いい方向に進みやすくなるのです。

ポジティブ感情の効果がわかる実験

「感情」と「脳の問題解決能力」の関係を物語るある実験があります。大学の学生を対象に、Aグループには試験の前に心地よいBGMを聞かせて、飴《あめ》をなめさせ、Bグループの学生には、「80点以下なら全員落第だ！」などと教員が罵倒《ばとう》したあとに、同じ内容の試験を受けさせました。

その結果、Aグループのほうが平均点数が10点以上も高くなりました。教員に叱られマイナス感情で試験を受けたBグループよりも、Aグループのほうが、試験の答えをすばやく理解して、妥当な解答を選択することができたのです。ポジティブ感情のよい効果がとてもよくわかる結果です。

ポジティブ感情とネガティブ感情　両者の比率は7：3で、ネガティブ感情の方が多いとされ、これまでネガティブ感情についての研究が進められてきた。しかし、近年、ポジティブ感情についての研究 ↗

あなたの幸福度はどのくらい？

自分の幸福度はどのくらいなのか？

15ページで話しましたが、男女の心が真に結ばれる恋愛をするためには、「今、自分は幸福である」という「**幸福優位**」であることが大切です。幸福優位とは、文字通り「**幸せな気持ちでいることが不幸せな気持ちより優位な状態**」であることをいいます。

しかし「今の自分の幸福度が高いのかどうか」は、なかなかわかりにくいかと思います。そこで簡単に自分の幸福度がわかるチェックシートを紹介しますので、ぜひやってみてください。8つの項目について考えて、その答えを0～10段階のレベルにあてはめてみます。

判定方法

❶**全体的にレベル8以上**
…今現在、十分に幸福度が高い

❷**全体的にレベル6～7**
…今現在、おおむね幸福度が高い

❸**全体的にレベル4～5**
…幸福度は高くも低くもない

❹**全体的にレベル3～4**
…やや幸福度が低い

❺**全体的にレベル0～2**
…幸福度が低い

❻**項目によってレベルにばらつきがある**

③～⑥に該当する人は、26ページから紹介する「幸福度の高め方」で、幸福度を高めるようにしましょう。

一日のうちで「幸せ」「充実している」と感じる時間がどのくらいあるのかも書き出してみるといいのよ。起きている時間の半分以上幸せなら、幸福度が高いといえるわ！

幸福度チェックシートで自分の幸福度を調べてみよう！

ストラリア、2位はカナダ。日本は21位と低い。しかし、幸福度の高い国だから離婚率が低いというわけでもない。

幸福度チェックシート

1 自分は人に恵まれていると思う

0 1 2 3 4 5 6 7 8 9 10

2 仕事や趣味などで打ち込めるものがある

0 1 2 3 4 5 6 7 8 9 10

3 家族や友人と一緒にいることが楽しい

0 1 2 3 4 5 6 7 8 9 10

4 今までの人生にはおおむね満足している

0 1 2 3 4 5 6 7 8 9 10

5 人生をやり直せるとしても、自分はほぼ同じ人生を選ぶ

0 1 2 3 4 5 6 7 8 9 10

6 何か悪いことがあっても、自分は運がいい方だと思う

0 1 2 3 4 5 6 7 8 9 10

7 苦手なこともあるけど、自信が持てることが増えてきた

0 1 2 3 4 5 6 7 8 9 10

8 何事も達成したいと思うことが多い

0 1 2 3 4 5 6 7 8 9 10

幸福度調査　経済協力開発機構（OECD）は、国内総生産（GDP）に変わる国民の幸福度を測る指標として、2011年から「よい暮らし指標」を毎年発表している。OECDに加盟している36カ国中、1位はオー ↗

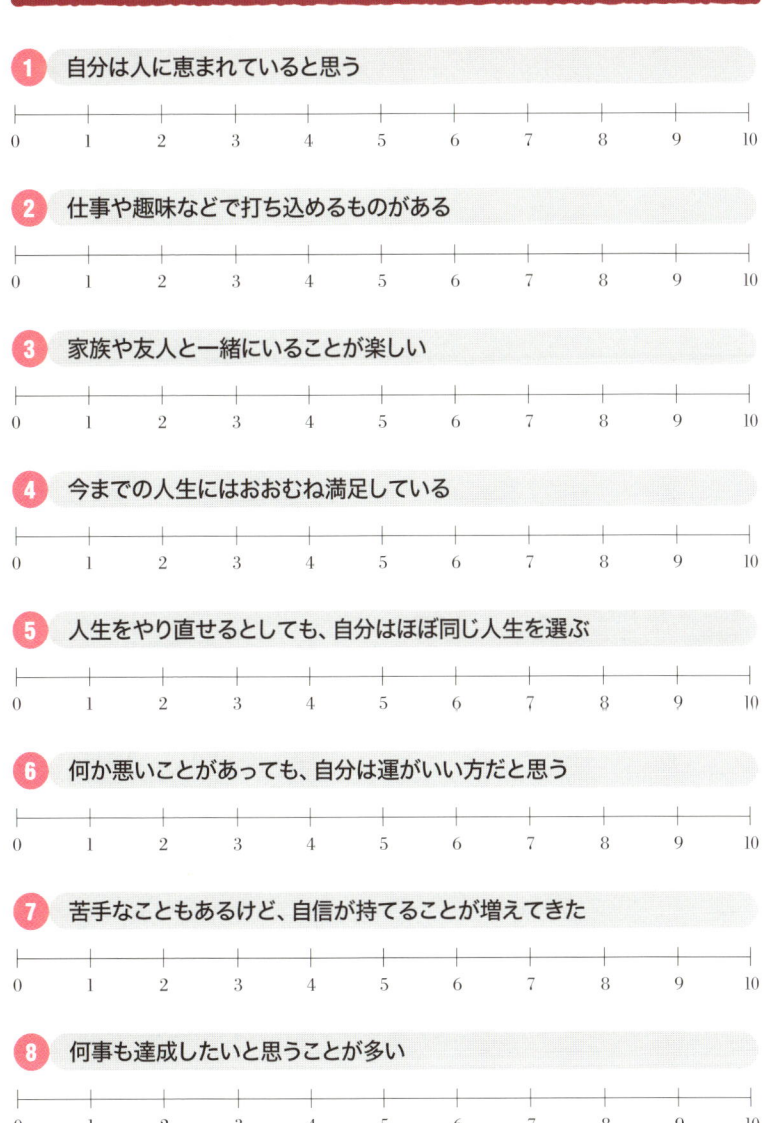

すぐにできる！幸福度の高め方

幸福度は
自分で上げることが
できることを
知っていますか？

幸福度を高めるためにできること

これまでも話したように、いい恋愛をするためには「今、自分は幸福だ」と思える「幸福優位」、すなわち**「幸福度が高い」ことが大切**になります。25ページの「幸福度チェックシート」で幸福度が低めだった人は、ここで紹介する「幸福度の高め方」で、幸福度アップを目指しましょう。すでに幸福度の高い人は、さらに高めるために心がけるとよいでしょう。

方法❶ セロトニンを増やす

セロトニン増

セロトニンは、リラックスしているときや快適で満たされているときにたくさん分泌される神経伝達物質です。これがたくさん出てくることは、**幸福感情の大きな指標になります。**しかし、もともと日本人は心配性で、アメリカ人に比べてもセロトニンが少ないといわれます。では、セロトニンを増やすためには、どうしたらいいのでしょうか？

それは、意図的にハッピーな状態をつくることです。一つは**「笑う」**こと。この場合、おもしろいことがなくても、笑ってみます。

身体と心理とは密接に関係していますから、**「笑う」という筋肉の状態が脳に影響を与え、セロトニンが分泌されやすくなる**のです。セロトニンが分泌されると、**メラトニン**（体内時計の調節に関わるホルモン）が有効活用されるため、寝つきや目覚めがよくなり、**心身ともに快適な状態をつくります。**

気分、睡眠、睡眠覚醒周期などを制御している。

方法❷ 週に一回の「成幸度」チェック！

「成幸度チェック」とは、自分自身の毎日の「行動」や「気持ち」に点数をつけ、客観的に評価することで、**無意識のうちに幸福度を高めていくというもの**です。

まずは「食事」「仕事」「運動」「学習」「趣味」「彼（彼女）との関係」「感謝の気持ち」など、**毎日の生活の柱となる項目をあげ**、ノートや携帯電話のメモなどに書き出します。週末になったら、一週間を振り返り、それぞれの項目を10点満点で評価してみましょう。

例えば「食事」なら、「今週は忙しくてインスタント食品など、適当な食事が多かった」「ゆっくり食事をしていない」など、不満足なら1～2点。「感謝の気持ち」については、「今週は、電車の中でお年寄りに席を譲った」「同僚に失敗をフォローしてもらい感謝した」など、満足したなら9～10点など、だいたいでいいので点数をつけておきます。

そうして一か月を振り返ると、自分の「行動」や「気持ち」のどの部分が不足していて、どの部分が満たされていたのかがわかります。

すると自然に、そこからの生活を、不足していた部分は補うように、満たされていた部分は維持する、またはさらに満たすように行動したり、気持ちを持ったりするようになります。そうしながら**無意識のうちに、幸福感が高まる**のです。

なお、チェックするのは週末でなくても、自分の生活リズムできりのいい曜日でもかまいません。

成幸度のメモ例

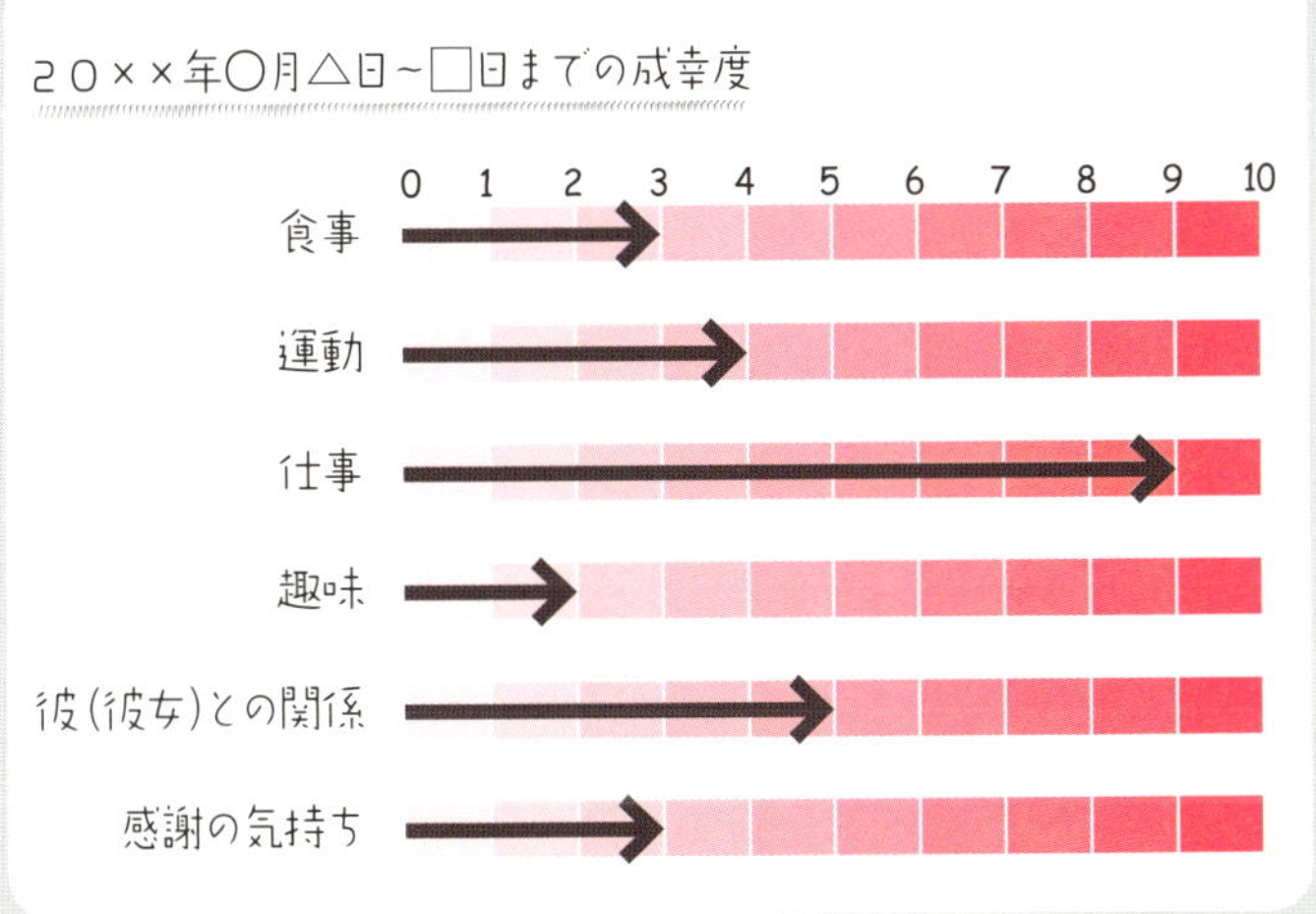

セロトニン　喜びや快楽に関係するドーパミン、恐れや驚きに関連するノルアドレナリンなどの情報をコントロールし、精神を安定させる作用がある神経伝達物質。ホルモンとしても働き、消化器系や ↗

方法❸ 誰かのためになることを一日一回行う

家族や友人、また、たまたま電車で乗り合わせた人でも、誰でもかまいません。**一日に一回、誰かに感謝されることを意図的にやってみます。**例えば、いつも朝のゴミ出しを母親がやっているなら「今日は出すからいいよ」といって、代わりに出してあげるなど、小さなことでかまいません。

本人に自覚はありませんが、これを**一週間続けたあとの幸福度を調べると、確実に上がっていることがわかります。**

さらにいうと、可能なら、一週間に一度、半日や一日など集中して「感謝されること」と行うと、より効果が期待できます。この場合、ボランティアのような奉仕活動が適しているでしょう。

方法❹ 適度な運動とバランスのよい食事

運動は、セロトニンを分泌する上でも有効で、激しい運動よりも、**ウォーキングなどの有酸素運動が効果的**です。

また、**食事も大切**です。そもそも神経細胞は、たんぱく質でできています。神経細胞を活性化して再生することは、**セロトニン**などの神経伝達物質も介在することになり、その分泌を促します。

セロトニンを高めるためには、**良質なたんぱく質やビタミンB_1やB_{12}を多く含んだ食品をとるように心がけるとよい**でしょう。納豆や豆腐などの豆製品や、豚肉や背の青い魚、貝類、ブロッコリーなどの緑黄色野菜をバランスよくとることをおすすめします。

有酸素運動　脂肪や糖質を酸素によってエネルギーに変えながら行う比較的軽い運動。ジョギング・ウォーキング・水泳・エアロビクスダンスなど。

男女それぞれに適した「社会的動機」を高める

以上、幸福度を高めるためにできることを述べました。これらは男女共通ですが、男女別の幸福度の高め方もあります。それは**「社会的動機」による高め方**です。

「動機」とは、人が行動に駆り立てられる心理的な力のことをいい、**「社会的動機」とは、家族、友人、職場などの社会との関わりで獲得されます。**

社会的動機の3本柱には**「親和動機」「達成動機」「影響動機」**があります。「親和動機」とは、**職場や友人関係などにおける人間関係が良好であることに由来する動機**で、周囲の人とよい関係であることが、幸福感につながります。

「達成動機」とは、やりがいのあることを成し遂げたいという動機で、**目標を持って突き進み、達成することに喜びを感じます。**

「影響動機」とは、**相手をコントロールしたり支配する動機のことで、それにより目標を達成することに喜びを感じます。**

女性の場合は、**親和動機を高めること**、つまり、家族や友人、職場での人間関係を円滑にすること、男性の場合は、**「達成動機」や「影響動機」を高める**、つまり、何事も目標を持って達成するようにがんばることで、幸福度が高まります。女性は、友人でも同僚とでも、いつも和気あいあいと仲よく過ごすことで幸福感を得られ、男性は、仕事でも趣味でも、目標に向かって夢中になることで、幸福感が高まるのです。

男性→達成動機や影響動機

女性→親和動機

動機　人が行動を起こしたりする直接の原因で、行動や意欲を規定する根拠となるもの。心理学では「動機づけ」と呼び、大きく生理的動機づけ、社会的動機づけに分けられる。

フラれて泣くと、実は幸福になれる

泣いたあとは幸福感に包まれる

「付き合っていた彼（彼女）から、突然、別れを切り出された」。恋愛には、悲しかったりショックな出来事もあり、思わず泣いてしまうこともあります。しかし、**「泣く」ことは、実は幸福度のアップにプラスになる行為**でもあります。それはなぜでしょう？ ちょっと難しくなりますが、これは「自律神経の働き」という面から説明することができます。

自律神経とは、体の各器官を調整している神経で、**「交感神経」**と**「副交感神経」**があります。**緊張したり興奮すると交感神経が優位になり、**ストレスで張り詰めたような状態が続き、心臓がドキドキしたり血圧が上昇するなど、心にも体にもいい状態ではありません。これにブレーキをかけるのが「副交感神経」で、こちらが優位になることで、リラックスできるのです。**「泣く」ことは、副交感神経を優位にします。**

彼（彼女）にフラれてショックを受けた状態は、まさに交感神経が優位になっていますが、**「泣く」ことでいっきに緊張がほぐれ、セロトニンがたくさん分泌されます。**

悲しい物語の映画やテレビ番組をみたあと、泣くとすっきりし、やがて幸福感に満たされてくる、という経験のある人もいると思いますが、まさにそれと同じメカニズム。涙を流す体験自体が、次の幸せに向けたステップなのです。

悲しみの象徴でもある「涙」には、実は幸福度を上げる秘密があったのです

副交感神経の亢進により、逆の効果が現れるというように、拮抗した働きを持つ。

人は「泣く」ことで幸福感に包まれる

サヨナラ
ガーン
意中の人に彼（彼女）がいたり、付き合っていた人から突然別れを切り出されたり…。恋愛はいいことだけでなく、悲しいこともつきもの
交感神経が緊張！
悲しみが爆発して大泣きすると…
うわ〜〜ん
副交感神経が優位になる
スッキリ
セロトニンが大放出されて、幸福感に包まれる
人の心は、うまくバランスがとれるようにできているニャー！

自律神経　血液や体液の循環、呼吸、消化、発汗、体温調節、代謝機能といった不随意な機能を制御する神経。交感神経と副交感神経があり、交感神経の亢進により血管が収縮し、心拍数が増加する。↗

男女にとって幸せなセックスとは？

自己満足だけのセックスでは…

20ページでも話したように、恋人といい関係をつくるためには、お互いを貢献する気持ちを持つことが大前提です。「自分さえよければ」といった自己中心的な考えの上での恋愛は、うまくいきません。この話をセックスに置き換えてみましょう。**セックスも同じで、相手の喜びを感じることにより、自分自身もより満たされることが幸せにつながります。**

ところが残念なことに、現実は男性の思い込みや自己満足で、女性ががまんしたり、不愉快な思いをしていることが多いようです。

この背景には、「女性の気持ちを引きつけたい」という男性の思いがあります。

劣悪なAVビデオの影響も大きい

しかしこの男性の思いは自己満足に過ぎず、女性を思ってのことではありません。

また、悪いことに、こうした傾向を後押ししているのが、男性の主観で制作されたAVビデオの存在です。ほとんどのビデオが、まるで女性を「モノ」として扱っているかのような劣悪な内容のものです。これを鵜呑《うの》みにした男性が、「女性が喜ぶ」と思い込んだセックスをし、それがお互いの幸せだと思い込んでいます。

思いあたる人は、お互いのために幸せなセックスについてもう一度考えてみてください。

お互いが
幸せになる
セックスについて、
じっくり考える
ことも大切です

キス　チンパンジーの母親が噛み砕いた餌を子どもに口移しで食べさせる行為から来ているといわれる。母親の温かさを求める行為の一つともいわれる。

お互いを高める幸せなセックスとは？

女性にとってのセックス
愛を確認する行為。愛する人と結ばれることで心が満たされる。性欲も、男性からの愛情で満たされることで起こることが多い
男性にとってのセックス
性欲を満たす、子孫を増やすという本能的な面もあるが、愛する女性を心身ともに満足させることによる充実感、達成感を得るという面もある

思い込みの激しい
自己中セックスをすると…
最悪〜〜
いいわ〜
なんでビデオみたいに喜ばないんだ？
乱暴なことをされて苦痛がある、男性だけが興奮しているなど、女性に被害感情が芽生えるだけ
デリケートな問題だけに難しいニャー

日本はAVビデオ大国　世界的にも日本はAVビデオの数が多く、性に関心が強い人種と知られる一方で、セックスレスの夫婦が多いため、海外から疑問の声が上がっている。

ナットク！
恋愛心理学コラム

ハーバード大学における「幸福度」についての調査

以前、アメリカのハーバード大学では、学生の成績とその時点での幸福度を調べ、その学生たちの10年後、20年後の生活を追跡するという大規模な調査を実施しました。学生に、幸福度に関連する50～100項目のアンケートを実施し、今現在の幸福度をチェックし、彼らの10年後、20年後の年収や生活について調べるというものです。

その結果、学生時代に成績がよくても、幸福度の低い学生より、成績はさほど高くなくても**幸福度の高い学生のほうが、年収が20％程度高かったり、豊かな家庭生活を送っている、**という結果が出ました。

ハーバード大学では、それ以降、学生に成績を競わせるよりも、幸福度を高めるような学生生活を送らせることを重視するようになりました。そのほうが学生の将来に貢献できるからです。

ちなみに、実施されたアンケートの内容は、「あなたには今、尊敬できる人がいますか？」「感謝する人がいますか？」「自分は人に感謝されていると思いますか？」など、幸福感に関連する数十項目を総合的に組み合わせたものです。アンケートの内容からもみてとれるように**「幸福感」とは、人に感謝する気持ちや心の余裕、没頭できるものがあるなどが総体的に集まり、初めて生まれる感情です。**常に「幸福優位」の状態をつくっておくことが、幸せになる土壌といえます。

PART 2

幸せな恋愛のために、男女の違いを知っておく

Part 2

お互いを思いやるためには…

お互いのいいところはわかっているつもりでも…
私に興味ないのかな…
ギクシャク…
なんですぐ不機嫌になるんだろう
ちょっと待って
あなたは？
君たちは男女の違いについて考えたことあるかな？
私は、認知心理学者の匠英一です
ずいっ
そもそも男性と女性は同じ人間でも心理的、生理的に大きな違いがあるんだよ
男性が話を聞いていないように見えるのも男女の脳の構造の違いによるものなんだ
42ページに詳しく書いてあります
いい恋愛のためにはまず、男女の違いを理解することだよ
そこからお互いを思いやる気持ちが生まれるからね
女友達との飲み会彼を誘うのは、かわいそうかも
買い物もたまには、ゆっくり付き合ってやろうかな
うんうんそうそう
その調子いい恋愛をしてね

恋愛は、男女の違いを理解することから始まる

男女に生じる小さな不満

「なぜ、彼は私の気持ちがわからないの？」「彼女（彼）が、何を考えているのかわからない…」。恋愛中のカップルや夫婦で、よくこんな不満を口にする人がいます。これは、お互いが、男女の特性を理解していないまま、自分の価値観で相手をみてしまうために起きてしまうこと。小さな不満がやがて大きくなり、亀裂が生じることも少なくありません。

　男女には、脳のしくみの違いによって**生理的、心理的にも大きな違いがあります。**心理的には男性は、女性の気持ちを読み取りにくかったり、話を聞いていないようにみえることもあります。

男性は保守的

保守的
「これを買う！」と決めたら、目的の店にまっしぐら。気にいったお店があればそこばかり通うなど、男性はかなりの保守派（62ページ参照）

一点集中型
一つのことに夢中になると、まわりのことがみえなくなりやすい（44ページ参照）

相手の気持ちを理解しにくい
相手の表情で気持ちを汲み取る「表情認知」が苦手な男性は、相手が悲しんでいるかどうかがわかりにくい（78ページ参照）

攻撃性が高い
男性ホルモンの一種「テストステロン」の分泌が多く、ちょっとしてことでケンカになりやすいのは女性より男性（60ページ参照）

●女性からみると…
話を聞いていないみたいだし、私の気持ちもわかってないの？ 怒ると「怖い」と感じることもある

男女では、こんなにも違いがあることを知っていましたか？

満足感の違い　男性は愛情をかけてもらっても女性ほど満足感を抱かず、それよりも何かを達成したときのほうが満足感を得やすい。

女性は、時間を気にせず買い物をしたり、脈絡のないおしゃべりも大好きです。

男女の凸凹を埋め、お互いを受け入れる

ここで述べたことは、本章で紹介する男女の違いの一部ですが、恋愛は、**こうしたお互いの特性を理解することから始まります。**そして日々の交友の中で、**相手を思いやり、貢献する気持ちを育むことで、幸せ感情が構築されていきます。**そうして相手を自然と受け入れ、いい恋愛、結婚へと発展するのです。

恋愛豆知識

「おねえ系」の男性たち

男性は、社会的にも女性よりも強い部分を求められたりするため、ありのままの自分を出すことは苦手で、あまり弱音も吐きません。しかし、いわゆる「おねえ系」の男性たちは、それだけでありのままをさらけ出すことが許される風潮があり、思っていることをストレートに吐き出します。それが彼らの強み（20ページ参照）でもあるのです。

女性は実利的

女性

実利的

安くてお得な目玉品を探すために、何件ものお店をはしごしたり、家事の効率をよくするための工夫を惜しまない（62ページ参照）

相手の気持ちを理解しやすい

状況を読んだり、相手の表情をみて気持ちを汲むのが得意（78ページ参照）

気配りが行き届く

一つのことをしながらでも周囲のことに意識が向き、あれこれと気配りするのが得意（44ページ参照）

親和性が豊か

友達や同僚と、和気あいあいと仲よくすることが好き（46ページ参照）

男女の違いを
理解しておくことが、
いい恋愛関係を
築くためのポイント
なのだニャー

●男性からみると…

細々としたことに気がつくのはいいけど、うるさいと感じるときも。とりとめのない話も理解できない

男女の脳の違い　脳の構造も男女に違いがあり、感情の処理や記憶に関連する「扁桃体」や、左右の脳をつなぐ「脳梁」も、男性より女性の方が大きい（42ページ参照）。これにより思考に違いが生じる。

「友達愛」「親子愛」「男女愛」の違いとは？

「男女愛」では、脳の「帯状回」が活性化する

「男女の違い」に入る前に、ちょっとここで「愛」について考えてみましょう。「愛」と、ひと言でいっても、家族愛、友情愛、ペットなどへの愛、親子愛、男女の愛など、色々な「愛」があります。親子や友情愛と男女の愛では、何が違うのでしょうか？

まず、**「男女愛」にはセックスがあり、これは大きなコミュニケーションの要になります。**「友達愛」「親子愛」「家族愛」などにセックスによるコミュニケーションは存在しません。

また、脳科学的な見解では、**「愛」という感情**

色々な「愛」がある

親子愛
友達愛
ペットなどへの愛
LOVE
男女愛
性的なコミュニケーションはなし
性的なコミュニケーションがある

「親子愛」や「友達愛」などと「男女愛」とは、どこが違うのでしょうか？

帯状回　大脳辺縁系の各部位を結ぶ役割を果たし、感情形成、記憶と学習に関連する。別名「帯状皮質」とも呼ぶ。

は、脳の中の「扁桃体《へんとうたい》」という、人間の感情をつかさどる領域が関係していますが、男女愛の場合、とくに頭の前の方の「前頭葉」という領域に近い**「帯状回《たいじょうかい》」という部分が活性化される**ことがわかっています。

「寅さん」はセロトニンが大放出し、幸福度が高い？

帯状回が活性化されると、相手と共感したり感謝する、相手の問題を自分の問題として捉えるなど、人間らしい思考を持つことができます。同時にリラックスしているときや満たされているときに分泌される**セロトニンの分泌も盛んになり、幸福感に満たされます。**

ちなみに、国民的人気映画「男はつらいよ」の「フーテンの寅さん」（松竹系・1969～1995年）のように、いつも誰かに恋をしている人は、セロトニンの分泌が高く、**幸福度**（24ページ参照）が高いのかもしれません。

恋愛すると幸福感に満たされる

脳の「帯状回」が活性化！
Love
Love
Love
セロトニンの大量分泌
幸福感
恋愛するとセロトニンが大放出されて、幸福感に満たされるの！

扁桃体　アーモンドのような形をした神経細胞の集まり。側頭葉の奥に存在し、情緒反応の処理と記憶についての役割を持つ。

男性は理論的、女性は感情的に物事を考える

脳のしくみの違いから男女の違いがわかる

男女は、体のつくりが違うのと同じように、考え方や思考も異なります。これは脳のつくりの違いから起きていると考えられています。まず、女性には月経がありますが、これは脳から発生するホルモンの分泌に周期性があるためです。男性の脳にはこのような働きはありません。

また男女の脳の大きな違いは、**男女では右脳と左脳をつなぐ「脳梁《のうりょう》」の太さが異なります。**これについては44ページでも話しますが、**脳梁は女性の方の断面の比率が太く、これにより脳全体を使って一度に複数のことができてしまいます。**一方男性はこれが苦手で、**一点集中型と**

男女では考え方が違う

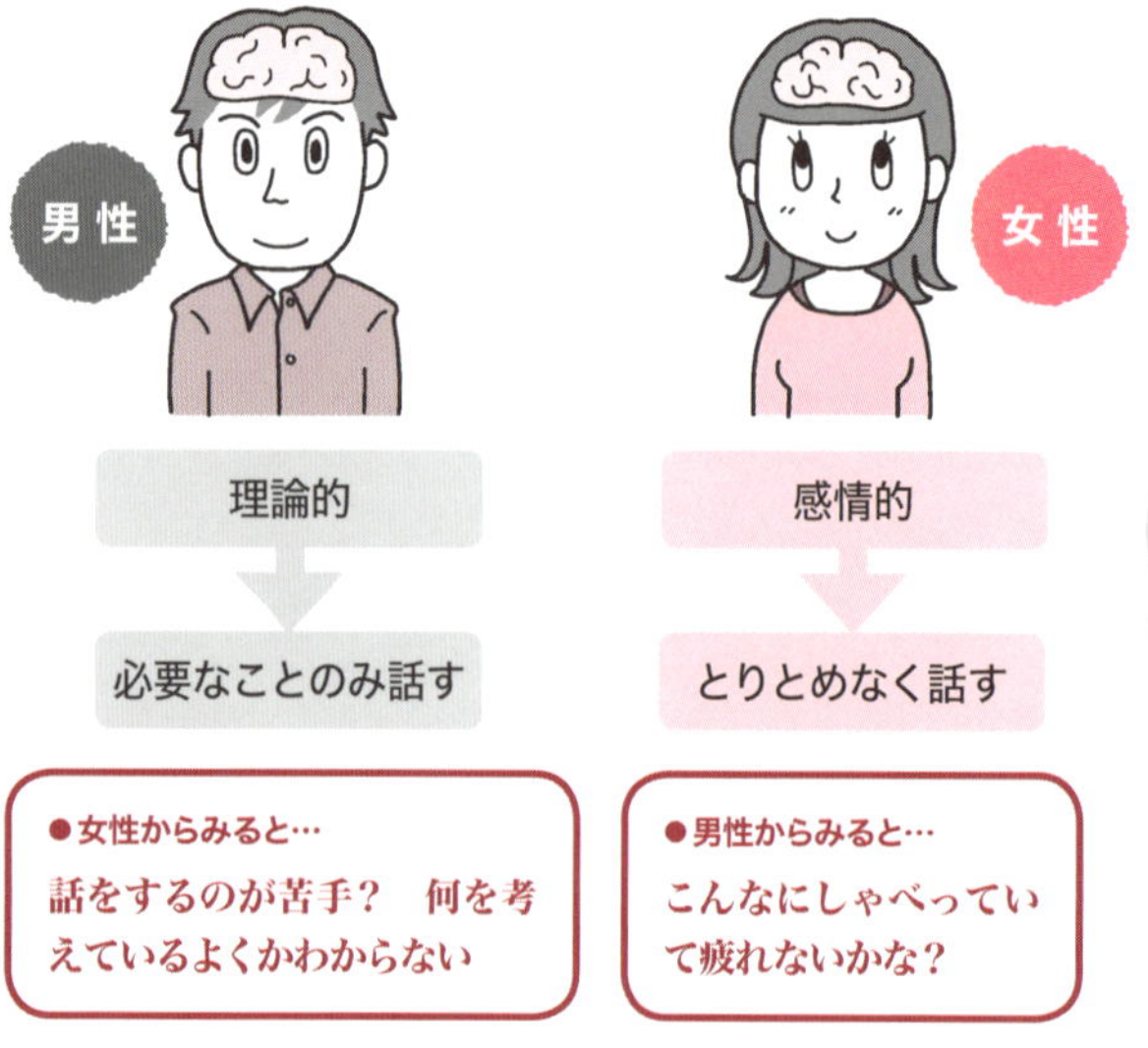

男性
女性
理論的
必要なことのみ話す
感情的
とりとめなく話す
●女性からみると…
話をするのが苦手？　何を考えているよくかわからない
●男性からみると…
こんなにしゃべっていて疲れないかな？

男女の脳は、
つくりもしくみも
違うから、考え方も
違うのです

恋が生まれるときの脳　「扁桃体」が相手を「好き」と判断すると、快楽物質の「ドーパミン」が視床下部に流れ、快感が生まれると考えられている。

いえます。

また「口ゲンカでは女性にかなわない」「女性はよくしゃべる」などといわれますが、男性は言語中枢のある左脳だけ使って会話していますが、これも女性の方が脳梁の断面比が太いため、脳全体を使って会話するためです。**男性が理論立て、要点だけを話し**、**女性は無駄な話まで会話に入ってくる**のも、こうした脳のしくみの違いからなのです。

女性は感情表現豊かな脳の持ち主

女性が感情的になりやすいのも、会話しているときに言語中枢以外の部分も使っているため情報が混在し、理論立ててまとまった話ができなくなる傾向があるためではないかといわれます。それに加え、感情の処理と記憶に大切な役割を果たす**「扁桃体《へんとうたい》」も、男性より女性のほうが大きい**といわれます。そのため男性よりも感受性が強く、感情表現も豊かなのです。

男女の脳の違いはココ！

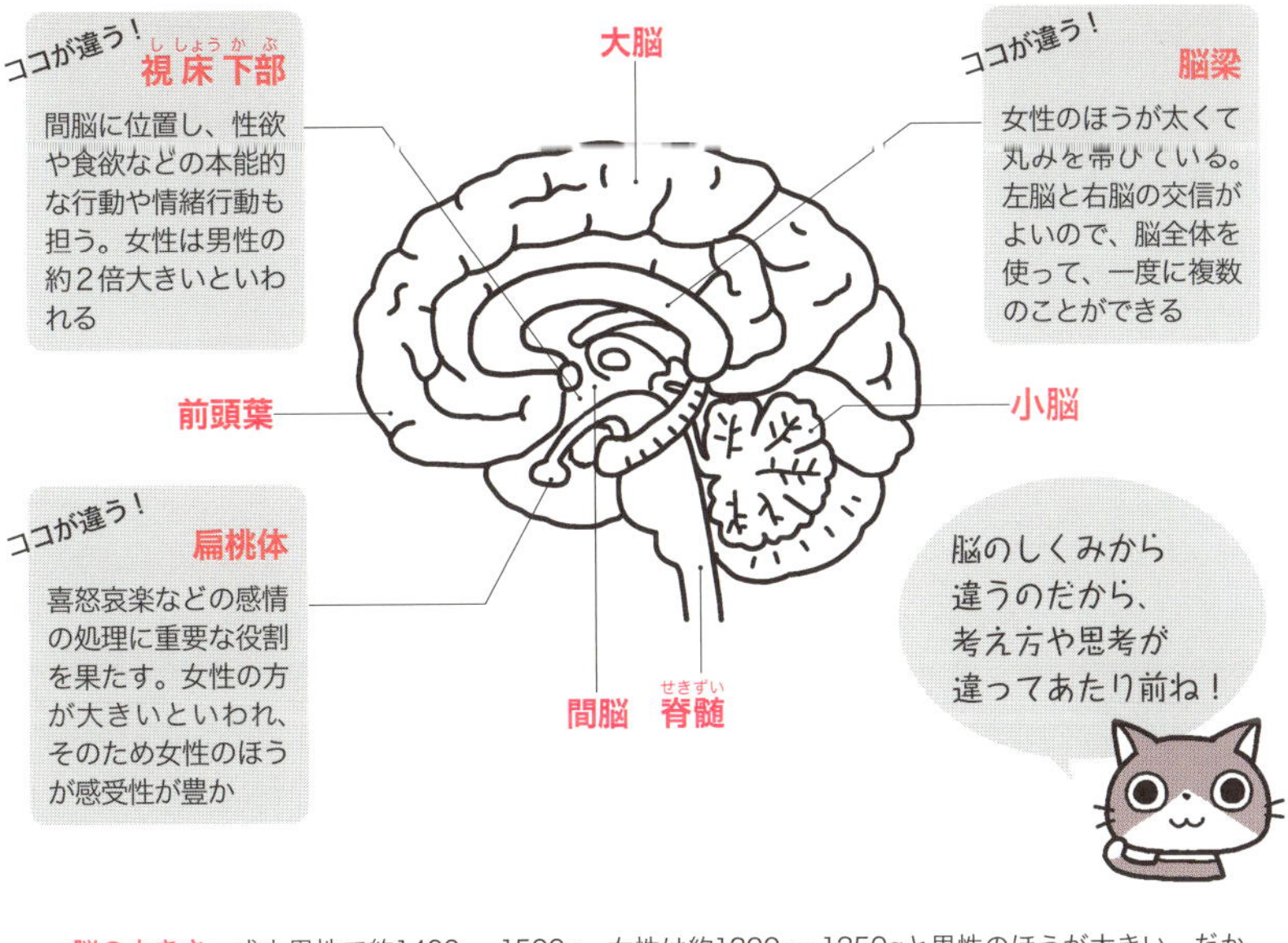
ココが違う！
視床下部《ししょうかぶ》
間脳に位置し、性欲や食欲などの本能的な行動や情緒行動も担う。女性は男性の約2倍大きいといわれる
大脳
ココが違う！
脳梁
女性のほうが太くて丸みを帯びている。左脳と右脳の交信がよいので、脳全体を使って、一度に複数のことができる
前頭葉
小脳
ココが違う！
扁桃体
喜怒哀楽などの感情の処理に重要な役割を果たす。女性の方が大きいといわれ、そのため女性のほうが感受性が豊か
間脳
脊髄《せきずい》
脳のしくみから違うのだから、考え方や思考が違ってあたり前ね！

脳の大きさ　成人男性で約1400～1500g、女性は約1200～1250gと男性のほうが大きい。だからといって男性の方が知的に高いということでもない。

女性は一度に複数のことができる天才

男性は女性と違って一点集中型

女性は、食事の後片付けをしながら、みたいTVのチャンネルをつけ、パートナーに「明日の休み、どこに行く?」などと聞いてみたり…。一つのことをやりながら、複数のことを考えたり行動することができます。

一方、男性はというと、例えば、プロ野球に夢中になっているときに周囲が話しかけても、上の空か生返事、「ちゃんと聞いているの?」と小言をいわれて初めて気がつく、ということもよくあります。これは、男性が「返事を面倒だ」と思っているわけではなく、男女の脳に違いがあるからです。

脳のしくみの違いによるもの

脳は、**右脳と左脳**が**「脳梁《のうりょう》」**という神経線維の束で結ばれていて、左右の脳は常に情報交換しています。**女性の方が男性よりも脳梁が太く、その分情報交換が盛んで、左右の脳をバランスよく使いこなせます。**一度に複数のことができるのはそのためで、脳梁の狭い男性は、それができにくいのです。

彼が何かをしているときに話しかけても上の空でも、決してあなたのことが嫌いだから、というわけではありません。むしろ、そういうときは話しかけないようにする気配りが大事かもしれませんね。

女性が一度に
複数のことが
できるのは
なぜでしょう?

脳梁　左右の大脳半球の底部にあり、新皮質を相互に連携している神経線維の集団。左右の半球間で情報交換を行う経路となっている。

決定的な男女の違い

同時進行が
得意な女性
もう少し
待っててね！
ドラマは
どうなった？
味は
どうかしら？

♀ 女性は…

右脳と左脳を結ぶ「脳梁」が男性よりも太い女性は、一度に複数のことをやってのけてしまう能力に長けている

ストライク！
一点集中型
な男性
聞いてない…！

♂ 男性は…

男性は女性に比べて脳梁が狭いため、一度に複数のことをするのは苦手で、一点集中型

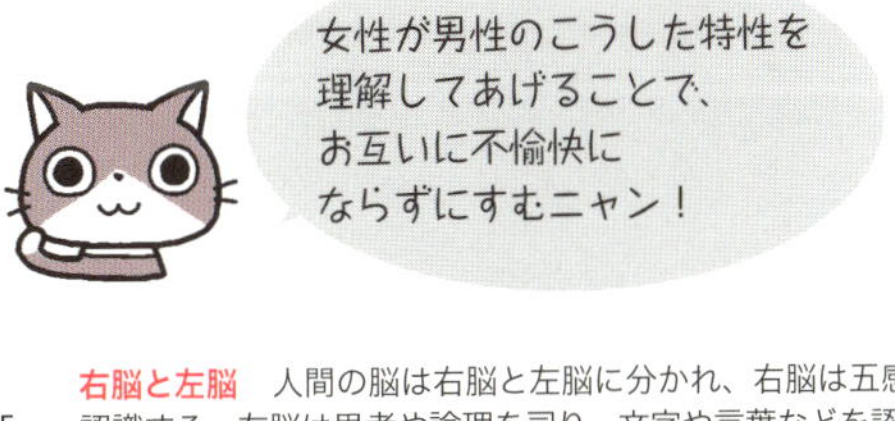
女性が男性のこうした特性を
理解してあげることで、
お互いに不愉快に
ならずにすむニャン！

右脳と左脳　人間の脳は右脳と左脳に分かれ、右脳は五感を司り、視覚、聴覚、嗅覚、味覚、触覚を認識する。左脳は思考や論理を司り、文字や言葉などを認識する。

女性はおしゃべりで幸福度を上げている

おしゃべりは、女性の親和性の現れ

友達と延々とおしゃべりを楽しめるのは、女性の特性です。職場や仲間内の話題、お互いの近況、恋の話や家族の話など、どんなテーマでも女性の会話は弾みます。井戸端会議ができるのも女性です。話すことでストレスも解消され、やる気も出てきます。

男性からみると「よくそんなにしゃべることがあるな？」と理解できないかもしれませんが、29ページでも述べたように、**女性は、周囲の人と和気あいあいと過ごし、人間関係を円滑にすることで、幸福感を得ることができます。**男性は正直、女性のおしゃべりにはついていけないかもしれませんが、「これで幸福度を上げようとしている」と、温かく見守ってあげてください。

男性同士の会話は短く、自慢話も多い

一方、男性は、中には「おしゃべり大好き」という人もいますが、苦手な人が圧倒的です。**男性同士の会話は、自分にとって興味のある内容や自慢話などが大半**です。女性のように、何時間も会話し続けているということはなく、たいてい短時間で終わります。

ちなみにバーやクラブなど、接客のプロの女性が男性と長時間会話できるのは、男性の興味のある話を引き出し、会話のキャッチボールが上手だからかもしれません。

女性のおしゃべりは、
ストレス解消でもあり、
幸福度を上げる
手段でもあるのです

おしゃべりな男性　女性のようにとりとめのない話というより、場を盛り上げるためにしゃべることが多く、こうした男性は意外とモテる傾向も。

男女の会話パターンはこんなに違う

女性はとりとめのないおしゃべりが大好き！

女性の会話の特徴

- 女性は右脳と左脳の両方を使って会話するといわれ、感情をもとに話題が次々と広がり、途切れることはない
- ブルーな気分のときは、愚痴、悪口、小言も多く、明るい気分のときは、楽しい話題が次々に浮かぶ
- 話すことでストレスを発散し、気持ちが軽くなる

も～、
信じらんない！
聞いて
聞いて～
ワイワイ
うそー
キャ～～!!
職場の
上司がさ～
ガヤガヤ

男性は興味のある話か自慢話が多い

男性の会話の特徴

- 意思の伝達や問題解決の方法など、必要最低限の会話が多い
- 男性は左脳だけを使って会話するといわれ、女性ほど話題が飛ばない
- 「人」の話題よりも、自分の興味のある車やパソコンなど「モノ」の話題を好む傾向がある
- 自慢話も嫌いではない

車買ったんだ
ふーん…

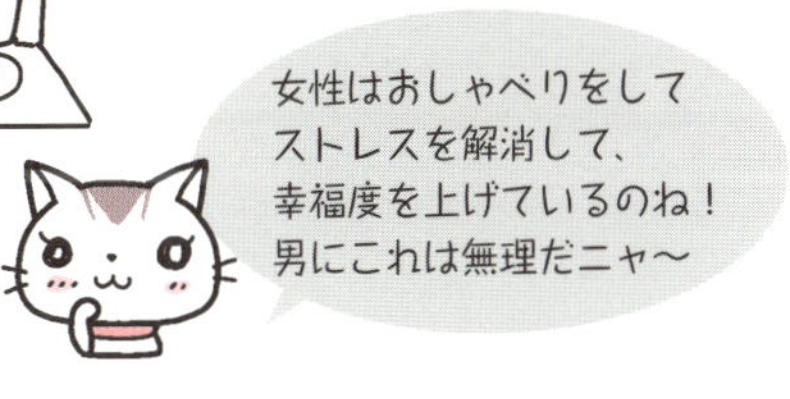
女性はおしゃべりをして
ストレスを解消して、
幸福度を上げているのね！
男にこれは無理だニャ～

井戸端会議　昔、長屋の女性たちが共同井戸端に集まり、水くみや洗濯をしながら世間話や噂話に花を咲かせた様子から生じた言葉。

女性はなぜ、男性よりはるかに方向音痴なの？

女性は方向音痴というけれど…

生物学的にも女性は男性よりも**空間認知能力**（左ページ参照）が劣ることがわかっていて、そのため女性のほうが**方向音痴**の人が多いようです。携帯の地図をみながら移動しても目的地がわからず、結局、人に聞きながらたどり着く、ということもよくあります。

一方男性は、だいたいの方角と距離で目的地へのルートを探すことが得意ですが、女性はこれが苦手です。しかし、その半面、**女性は目的地につながる目印を覚える能力は男性よりも優れていますから、**一度行ったことのある場所なら、ちゃんと目的地にたどり着きます。

女性が方向音痴な理由

男性

男性は、狩猟生活の名残から、方向や方角、距離から目的地までのルートをみつけるのが得意

女性

女性は、方向や方角、距離から目的地は認知しにくいので、初めて行く場所では、目的地にたどり着きにくい

女性の方向音痴には、理由があるのです

空間認知能力を高める方法　空間認知能力は、目を閉じているときに活発に稼働する。目を閉じたまま、「目の前の物を取ってみる」などの訓練が有効。

女性には道順をていねいに教えて

この違いは、かつての狩猟生活の名残ではないかといわれています。**男性は狩りのために見知らぬ土地に出かけ、家に戻る土地勘が必要だったのに対し、狩りに行く必要のない女性は、家の近所の見慣れた目印をよく覚えていて、それをもとに行動していた、**と考えられています。

いずれにしても、初めての場所で女性と待ち合わせをするときは、目的地までの道順にある目印を詳しく教えてあげることが愛情です。

恋愛豆知識

空間認知能力は女性のほうが低い

空間認知能力とは、物の位置や方向、間隔などをすばやく認識する能力のこと。空間認知能力に関する遺伝子は、男性だけが持つ染色体にあることもわかっていて、やはり、この点では、男性の方が優勢であることは間違いないようです。ただし、女性の中にも男性よりも空間認知能力に優れる人はいますから、すべての女性に該当しないことを覚えておきましょう。

こんなことも！ 方向音痴な女性もかわいい…

こっちだってば…
N
W
E
S
男性は、女性が方向音痴ということを理解して、初めての場所での待ち合わせは、気を配ってあげてニャ！
どっちだっけ？？

方向音痴 方向･方角に関する感覚の劣る人のことをいい、音痴が変化して生まれた言葉。

カップルで歩くとき、女性が左側を歩くのはなぜ？

女性が左側を歩くのは世界共通

男女が並んで歩くとき、女性はどっちを歩くことが多いでしょうか？ 答えは「左側」。これは世界共通で、約90％以上のカップルが、女性は左側を歩きます。

その理由はなんでしょう？ 深層心理学的には、「男性には本能的に女性を守ろうとする意識が働くため、とっさのときに動きやすい右側を歩く」と説明されるようです。しかし、脳科学的にはそうは説明されません。

まず、圧倒的に**女性の方が身体接触を求めてくることが多く、先に腕をからめるのは女性です**。そのときに、利き手である右手のほうが出

恋愛豆知識

女性はボディタッチが好き？

若い女性同士で腕を組んで歩く姿をよくみかけますが、女性は相手が男女に関係なく、好意を抱く人とのボディタッチを好みます。ただし、男性からの積極的なボディタッチは、微妙です。恋人同士でも、やたらと男性から腕を回したり、肩を組まれることを不愉快に感じる女性も多いのです。男性は、相手との関係が親密になると、自然とボディタッチしたくなるものですが、その気持ちが相手に伝わるように、自然なボディタッチを。

カップルで
歩くときも
無意識のルールが
あるのです

際に握手をする、など。お酒を飲んで酔ってもたれかかるのは、女性にとっては不愉快なので注意を。

女性は右腕を組みたがる

利き手の方が組みやすい
彼と触れていたい
なんとなく右側を歩いてる
彼女が右手をからめてくるから
脳科学的には…
女性のほうが身体接触を好み、自分から利き手をからめてくるから、男性が右側を歩くことが多い、と説明される

しやすいため、女性は自然と男性の左側に回る、というわけです。

また、**男性より女性のほうが、好んで自分の好きなことをする傾向が強い**といわれ、それは「腕を組む」という行為にも現れているようです。

女性が左側を歩くその他の理由

ちなみに女性が左側を歩く理由は他にもあるようで、「いつも左側にバッグを持つから」「なんとなく左側が安心する」など色々です。

いずれにしても、女性が左側を歩くことに違和感がなければ、それが二人にとっていちばん心地よいスタイルなのでしょう。

注目！

女性は左側、男性が右側を歩くのが円満の秘訣かも…

男性が右側、
女性が左側を歩くのは
「男性が女性を守りたいから」
ということではない
らしいニャ～

ボディタッチのタイミング　女性は、会っていきなりのボディタッチは驚きや不快感を抱きやすい。最も違和感がなく好感度を得やすいのが、障害物を渡るときにさりげなく手を出す、話が弾み、別れ ↗

ケンカのときに昔の話を持ち出す女性の心理とは？

女性はどんどん
昔の記憶を思い出す。
男性はうっかりした
ことはできないニャ！

悪いことが起こると悪い記憶を思い出す

人間の感情と記憶はつながっていて、楽しいときは、過去の楽しかったことを、悲しいときは、悲しかった記憶を思い出しやすくなります。

特に女性は、程度の差はあるものの、**男性よりも感情と記憶のつながりが密接**で、例えば、デートの最中でも「以前ここを歩いたとき、彼はこんなことをいっていたな」などと昔を思い出したりします。

それはパートナーとケンカをしたときも同じで、「そういえばあのときも同じことをいわれた」「もっと昔もこうだった」などと、走馬灯のように悪い記憶を思い出します。悪いことの記憶があふれ返っている状態では、男性が何をどう弁解しても、女性の耳には入りません。

ほとぼりが冷めるのを待って会話を

男性にすれば「なんでそんな昔のことを引き合いに出しているんだ？」と不思議に思うかもしれません。でもそこは女性の特性だと受け止めて、女性が悪い**エピソード記憶**で頭がいっぱいのときは、その場を離れて、いったん感情が治まるのを待ってみましょう。

そして落ち着いてから、改めて話を再開するのが、もっとも円満です。

記憶の導火線に
火がつくと、
次々に過去の記憶を
思い出すのが
女性です

能力に関わる器官）が使われ、前頭前皮質（特に左脳）もエピソード記憶形成に関わっている。

感情から記憶を呼び起こすサイクル

怒りの記憶
start!

誕生日を忘れるなんて、ひどい！

そういえば去年の誕生日も忘れてたっけ？

そのときも「仕事が忙しくて忘れた」っていってたよね！

もしかして、私のことが好きじゃないの？新人の若い女性が入ったっていってたから、もしかして…？

アタフタ

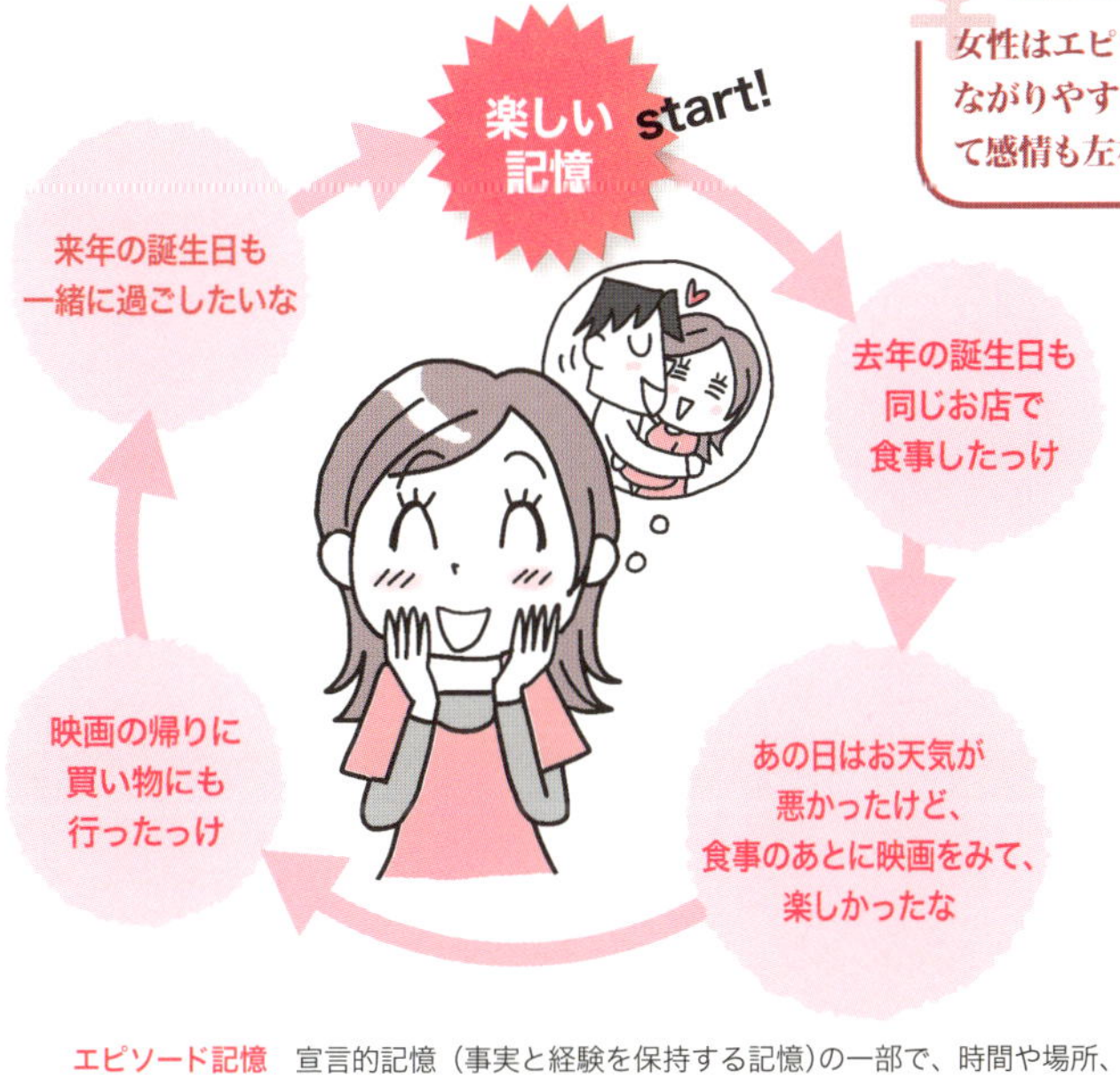
楽しい記憶
start!
去年の誕生日も同じお店で食事したっけ
あの日はお天気が悪かったけど、食事のあとに映画をみて、楽しかったな
映画の帰りに買い物にも行ったっけ
来年の誕生日も一緒に過ごしたいな

女性はエピソード記憶がつながりやすく、それによって感情も左右されやすい

エピソード記憶　宣言的記憶（事実と経験を保持する記憶）の一部で、時間や場所、そのときの感情まで含まれた記憶。エピソード記憶の形成には、脳の「海馬」（大脳辺縁系の一部。脳の記憶や空間学習 ↗

動物的カンに優れた女性は男性の浮気に敏感

女性は、相手の細かい変化によく気付く

「なんだか雰囲気やいつもと違う」といった動物的カンは、男性より女性の方が圧倒的に優れています。ですから、パートナーに現れる細かい変化にもよく気付きます。

例えば、職場で嫌なことがあり、恋人に悟られまいと明るくふるまっても、「無理して笑ってない？」「明るすぎない？　何かあったの？」と、ばれてしまいます。これは、**男性より女性の方が、表情を読み取る力が優れている**（表情認知・78ページ参照）という点でも説明できます。こと、パートナーの**「浮気」にまつわる異変は、女性にとって最もわかりやすいサイン**といえます。

男性は取り繕うほどに疑われる

男性は、浮気をしている後ろめたさから、特定の女性の話題を避ける、いつもは必要なこと以外はあまりしゃべらないのに、口数が多い、携帯電話をみせないようにするなど、**不自然な行動や言動が増えてきます**。

女性の記憶には、ふだんのパートナーの言動や行動がインプットされていますから、「いつもと違う変化」を見逃しません。**一つ一つの異変が新たな記憶として蓄積**され、「間違いなく浮気ね」と気付くわけです。

一方男性は、女性に浮気がバレていること自体、気付かないことが多いようです。

「なんで浮気がバレたのだろう？と、心あたりのある男性は、必読です

女のカンが鋭い理由　赤ちゃんを健康に育てる上で、微妙な体調の変化もみ逃せないためカンが鋭いといわれる。

女性は男性の異変をキャッチしやすい

いつもの彼の様子

携帯電話は、割といつも
手に持っていることが多い
必要なこと以外は、
あまりしゃべらない
ポケットに
手を入れて
歩く癖がある

浮気が疑われるときの彼の様子

誕生日でもないのに
プレゼントをくれた
なんとなく
つくり笑顔
ベラベラ
よくしゃべる
あやしい～
携帯電話をカバンに
しまってある

女性のカンは
侮れないのだ！

動物的カン　本能的なカンのこと。無意識の中にインプットされた情報から、いつもと違うことを察知する能力。

感情豊かな女性は、男性より愚痴をこぼしやすい

女性は愚痴をこぼしやすい。しかし問題解決は愚痴より「相談」です

男女では愚痴のスタイルが違う

46ページで「女性はおしゃべりが好き」という話をしましたが、**女性は愚痴もよくこぼします**。「それだけ感情が豊か」ということでしょうが、特に自分と同じ境遇の人同士、つまり共感を得られる者同士で、愚痴を語り、ストレスを発散するようです。

しかし、それならまだいいのですが、ただ「愚痴を聞いてもらいたい」という理由で、相手かまわず愚痴を話す人もいて、これはかなり自己中心的で、なんの問題解決にもなりません。

一方男性は、**男同士でお互いに愚痴をいい合うことは、あまりありません**。何か相談したい

男性は愚痴より解決を望む

へ〜、そんなときは
〇〇したほうがいいよ
実は、〇〇で
困ってるんだけど

POINT！

女性が男性に話を聞いてもらいたいときは、「相談があるのだけれど、聞いてくれる？」と、きちんと問題解決をしてもらいたい姿勢を示してから、男性に相談を持ちかけるようにしよう。

愚痴でさらにネガティブに　愚痴ばかりいい続けることで常にネガティブ思考となり、自分だけでなく周囲の人まで不愉快にしてしまう。

ときは、酒の席以外では一方は完全に聞き役で、**「問題を解決してもらいたい人と解決する人」**という構図ができています。

問題解決を望むならきちんと相談を

女性は、パートナーに愚痴を聞いてもらいたいこともあるでしょう。しかしその話は、問題解決を望むのか、単に「嫌だ」「つらい」という感情を知ってもらいたいだけなのかを区別して、**問題解決を望むなら「相談」というスタイルをとるべき**です。そうでなければ男性は「いつもの愚痴かな?」と聞き流してしまいます。そうなると「私の話を聞いてない」と反感をかいますし、下手に助言しようとしたら「そんな話は聞きたくない」ということになってしまいます。

愚痴をこぼしたいなら、
境遇も価値観も
似ている女同士でね！

愚痴の受け止め方は、男女で異なる

カップルでの愚痴になると…
もぉ～信じられないのよ！
男性は完全に聞き役
女性同士の愚痴のパターン
ちょっと聞いてよ～
なにそれ！ひどいわ～
実は私もね～
ふんふん
共感！

愚痴　話しても解決にならないことをいって嘆くこと。一時的にスッキリすることもあるが、物事の解決にはならない。

メールの返信がないと女性は不安になる

女性はメールの返信がないと不安に

電車やバスの中、あるいは歩きながらメールを打っている人をみかけますが、圧倒的に女性が多いといえます。**女性はおしゃべりと同様に、メールで会話するのも大好き**ですから、男性に比べると、圧倒的にメールの頻度が高いといえます。一方男性は、メールを打っていたとしても短い文章で、用件のみということがほとんどです。**男性にとってのメールは単なる連絡手段**であり女性のようにおしゃべりをするということはまずあり得ないでしょう。また、メールの返信がないと「相手に嫌われているのではないか？」「気に障ることを書いたの？」と不安になるのも女性です。

一方男性は返信がなくても気にならないので、恋人へのメールの返信も忘れてしまいがち。そんなことからすれ違いが生じることもあるのです。

返信がなくても気にしないこと！

女性にすれば、相手が恋人であれば、なおさらメールの返信がないと不安になります。しかし、男性にとってのメールは、用件を伝えたり、受け取ったりするだけの簡易手段であって、必要なければ返信をしない、あるいはメールが来ていたことを忘れることもあります。**女性は返信がないからと不安にならないで「男はそんなもの」と、ドンと構えるようにしましょう。**

メールの使い方や捉え方にも、男女には大きな隔たりがあります

出会い系サイト　ネット上で男女が出会うサイトの総称。犯罪に巻き込まれるケースがあとを絶たないことが社会問題になっている。

女性はメールのやり取りが大好き！

- とりとめのないおしゃべりを楽しむ
- 大事な話をするときのツールの一つ
- メールでの会話は心を満たす手段

- 用件を伝えるだけのツール
- 電話で話すより楽でいい
- 深刻な話はしない
- 返信しなくても気にならない

↓

メールは好きだが、
返信がないと…

↓

女性は、会って話すだけでなく、メールでの会話も楽しめる。しかし、返信がないことに不安を感じやすく、かえってストレスになることも。相手が恋人だと「嫌われているのでは？」と、よけいに不安を抱えやすい

「男性はメールは苦手」と理解して、
返信がなくても気にしないこと。
コミュニケーションは
デートのとき、存分にニャ！

メール依存 常にメールを打っていないと不安で、送信したメールに返信が来ないことに不安や怒りを感じ、ひどくなると日常生活に支障をきたすこともある。

男性が攻撃的なのは、ホルモンのせい?!

男性ホルモンが関係している

混雑した電車の中などで「肩がぶつかった」「足を踏んだ」など、ささいな理由で口論になるのは、もっぱら男性です。女性は、そういう理由で口論になることは、ほとんどありません。なぜ男性は女性よりも攻撃的なのでしょうか?

これには「**テストステロン**」という男性ホルモンが関係しているといわれ、これは**女性より男性の方が多く分泌されます。**

ちなみに、テストステロンは、**日本人男性よりもアメリカ人男性の方が多い**こともわかっていて、日本人男性よりアメリカ人男性の方が、より攻撃的といえます。

アドレナリンの分泌も関係している

また、満員電車の中などの過密した環境では、**怒りや恐怖を感じると分泌される「アドレナリン」というホルモンの分泌が盛んになります。**そのため、ちょっとしたことでトラブルになりやすくなりますが、これも**圧倒的に男性の方が多い**のです。

一方女性は、めったなことでトラブルにはなりません。女性は日ごろから周囲の人と親しくするなど、コミュニケーションを取ることが上手です。ささいなことでパートナーがカッとなったら、「ケンカしても損なだけ」などといって、怒りを治めるフォローをしてあげて。

男性がささいなことで
カッとしやすいのは、
ホルモンが
関係しているのです

テストステロン　哺乳類では、雄では睾丸で95%、副腎で5%、雌では卵巣や副腎から5～10%分泌される男性ホルモン。

男性はすぐにカッとなりやすい

ぶつかる

↓

男性ホルモンの「テストステロン」の分泌が多く、攻撃的

↓

争い事になる

♂ 過密な環境などでは、テストステロンの他に、アドレナリンの分泌が盛んになり、よけいにイライラしたり、カッとなりやすくなる

ぶつかる

↓

親和的で波風を立てたくない

↓

やり過ごす

♀ 親和性の高い女性は周囲とコミュニケーションを取るのが上手。嫌なことがあっても、波風を立てないように気持ちが働く

男の人がカッとなったら、怒りを抑えるようなフォローが大切ね

アドレナリン　副腎から分泌されるホルモン。ストレス反応の中心的役割を果たし、心拍数や血圧を上げたり、瞳孔を開くなどの作用がある。

男性は女性の買い物に付き合うのが苦手

男女では買い物の仕方が異なる

女性は買い物が大好きです。その買い物に付き合う男性は、ちょっと苦手かもしれません。というのも**女性の買い物は、一番お得な物を求めてあちこちのお店や売り場をみて歩きます。**あれこれ迷って、「結局何も買わなかった」ということもあります。付き合わされた男性は「勘弁してくれ！」ということになるのでしょう。

一方**男性は、あらかじめ買うものを決めて、一直線に目的の店に行って買ってきます。**

また女性は、飲食店も、カフェなどをみつけては、次々と新しい店に行くことを楽しみます。

一方男性は、行きつけの店を決めたら、一つの店に通い続けます。また、大きな買い物をすることに喜びを感じるのも男性です。

男女の違いは狩猟生活の名残

このような男女の違いは、人間が狩猟生活をしていた頃からの名残だといわれます。外で狩りをする男性は、有効な狩りの技をみつけたら、その方法をかたくなに守り続け、女性は、細々とした家事や育児の中で、あれこれ作業を工夫し、一度に二つの作業ができる方法を発見することに喜びを感じます。

男性は保守的、女性は実利的なことには、ちゃんと理由があったのです。

買い物の仕方にも、
男女の違いは
よく現れています

男性が行きつけの店に行きたがる理由　縄張り意識のようなもの。新顔の客より優位に立て、店の勝手もよく知っているため、恥をかくこともないから。

男女の行動パターンの違い

♂ 男性は、買い物も一点集中型。「目あての物はここで買う」と決めたら、他の店に目移りすることなく、ピンポイントで買い物する

男性が大きな買い物をすることに喜びを感じるのは、狩猟時代、大きな獲物をしとめたときの感動に似ているから

♀ 女性は、目的を決めて買い物に行っても、あれこれ迷い、結局、目的外の物を買うこともある。また、みて歩くだけのウインドウショッピングも大好き!

みて歩くだけのショッピングも、女性の楽しみなのだニャー。男性は付き合ってあげて!

カップルで買い物を楽しむPOINT

まずはお互いの特性を理解!

男性➡女性
女性はみて歩くのが好きだから、たまにはのんびりした気持ちで付き合おう!

女性➡男性
興味のあるものにしか目がいかないのだから、彼の買い物を先にして、それからじっくり付き合ってもらおう!

思いやりの気持ちで、買い物や食事デートを楽しめば、お互いのことを理解しやすくなる

ウインドウショッピング　みて歩くだけで何も買わないこと。女性はこれだけでも十分に楽しめるが、男性には理解できない。

男性がよかれと思った行動は、女性の迷惑になる?!

男性の行動が、「ありがた迷惑」になることも

欧米では、紳士が淑女を優先して、優しく扱う文化があり、「レディファースト」という言葉もそこから生まれました。日本の男性も歩道を歩くときは車道側を自分が歩くなどレディファーストのような行動をとることがあります。しかし、自分自身は「女性を大事にしている」と思って行動したことが、女性にとっては「本当にやってもらいたいこと」ではなくて、実は迷惑だったりすることもあります。

わかりやすい例をあげましょう。夫が妻の家事の負担を減らそうと、食事のあとの皿洗いをしたとき、夫は手伝っているつもりでも、実は

男性のよくある勘違い

手料理を つくろう！
きっと彼女は 喜ぶはずだ！
Cooking
なんて 優しいの？

男性の気持ち	→	女性の反応
彼女を大切にしたい		きっと誠実な人だわ…

女性のためを
思ってのその行動、
本当に相手は
喜んでいますか？

リフレクション　人材育成の分野における「リフレクション」とは、個人が日々の業務や現場からいったん離れて自分の積んだ経験を「振り返る」ことを指す。

汚れがちゃんと落ちていなかったり、キッチンが水びたしで、結局、妻が洗い直し、キッチンの掃除までしなければならないことがあります。そのことに夫が気づかなければ、妻の負担は増え、怒りさえかってしまいます。

行動の矛盾に気づくことが大事

この場合の解決は、男性が、自分の行動が、実は矛盾していることに気付き、反省することです。この思考のことを「リフレクション」といいます。

男女はお互いに異なる価値観を持ち、思考のプロセスも違うことを理解し、**常にリフレクションしながら行動することが、恋愛を進める上では、とても大切**です。

男女がいい関係を築くためにリフレクションすることは、大切なことなのだニャ

実際の行動は矛盾していることも多い

は絶対に
デミグラスソースが
おいしいんだから！
しかも
キッチンが汚い…
実際の男性の行動
女性にとっては
ありがた迷惑
矛盾！
デミグラスソースは苦手…。
ケチャップがいいのに

レディファースト　淑女や貴婦人を優先する英語圏のマナーや習慣のこと。ただし、男女平等が要求される現代では、やめるべきだと考える傾向もある。

男性は強そうにみえて、意外とデリケート！

強さを求められても、男性は弱いもの

男性は、社会的にも「地位」や「権力」、「タフさ」を求められたりします。また子どもの頃から「男の子でしょ！」「男の子なんだからがまんしなさい！」など、何かと「男は強くあるべき」と教えられて育ちます。そのため、**弱音を吐きにくかったり、自分のありのままを出すことも苦手**です。

しかし、**男性の本質はというと、大変デリケート**です。小さな子どもをみていても、男の子は、お母さん大好きで甘えん坊で、みたり聞いたりしたことの受け止め方も純粋です。

心の根底には「甘えたい」という欲望がありながら、それと併行して「強くありたい」というプライドを持ち合わせるのが男性なのです。

男性が弱音を吐いたら向き合って

「男性の心はガラスのように繊細《せんさい》」というと大げさかもしれませんが、女性は**男性の心はデリケートであることを理解して接するようにしましょう**。ちなみに、男性が女性にいわれて特に傷つきやすいのは、学歴や収入、身体的なことなどです。また、なかなか弱音を吐かないのも男性の特性ですから、もしパートナーが弱音を吐いたときは、じっくり向き合ってあげると、今よりさらにお互いの理解が増し、いい関係が構築されます。

「男子たるもの
強くあるべき！」
なのでしょうが、
心はとても
デリケート

を比較したり、母親が異常なほど息子の世話を焼いてくるなど、恋愛や結婚生活に支障をきたしやすい。

男心は意外と弱いもの

男のくせに
弱音吐いちゃダメ！
しっかり
してね！
男なんだから！
強く育って！
プライド！
男性 ＝ 強い、タフであるべき
子どもの頃から求められる
実は内面的に弱いのが男性

心の中では
泣きたい…
え一ん
出世が
遅れている夫
昇進は
まだなの
稼ぎが
悪いわね
しかし
男はじっと
がまん！

社会的にも「男らしさ」や「タフさ」を求められる男性は、表向きは弱さをみせないものだが、心ない言動に傷ついていることも多い

女性は、男性の繊細さを
理解して接することが
愛情なのだニャ〜

マザコン　子どもの頃から母親に支配されすぎることで母親に固執し、いつまでも支配されている心的傾向。恋愛対象も母親に似た女性を選びやすいが、いつまでも乳離れできず、常に母親と彼女や妻 ↗

女性と別れた後、男性は過去を引きずりやすい

男性の受ける「別れ」のダメージ

思いを寄せていた人にフラれたり、また、付き合っている相手に別れを切り出されるのは、とてもつらいもの。そしてこうした「別れ」のダメージは、**女性より男性のほうが大きく、過去を引きずりやすい**といえます。

なぜなら、男性は何事においても「次はこうしよう」と建設的に考える部分が大きく、自分のやったことに対して結果はどうだったのか？失敗したら「なぜ失敗したのか？」と悔やむことが多いのです。そのため、いつまでも傷を引きずって、**新しい恋愛ができなくなることもあります。**

立ち直りが早いのは女性

これを狩猟時代に遡って考えると、男性は自分が獲得した獲物を取られたり、**テリトリーを侵されることは、存在価値を否定されるようなもの**で、大きな自信喪失になっていました。これも男性が過去を引きずりやすい背景にあるのかもしれません。

一方女性は、フラれたり、別れるなどのつらいことがあっても、そのときはひどく落ち込みますが時間とともに上向きになり、**過去の恋愛経験を「思い出」にして、今を楽しむこと**ができます。メンタル面でのたくましさは、女性の方がはるかに上手のようです。

フラれたり、
別れたりしたあとの
ダメージは、男性の方が
大きく、引きずり
やすいのです

落ち込んだときの男女の違い　男性は自分の世界に閉じこもりがちだが、女性は人に話したり買い物をしたくなるなど、外に気持ちが向きやすい。

男性は過去を引きずりやすい

ガーン
サヨナラ!
彼女が
忘れられない…
ガ～ン!
過去

獲物を取られたり、テリトリーを侵されることを嫌う男性は、恋人を失うことにもショックを受け、いつまでも引きずることが多い。これが悪く転じると、女性を取り戻そうとストーカーになりやすいこともある

男はいつまでも
過去を引きずり
やすいものニャンだ

一方、女性は…

もう、
お別れだよ!
次の恋愛を
エンジョイ
するわ!
過去
ショック!!

女性は、
過去の恋愛を記憶にとどめ、
その経験を生かして
新しい恋愛に
進むことが上手なの!

別れのショックは大きいものの、変わり身が早いのも女性。過去の恋愛の経験を新たな恋愛に活かし、次のステップに進める

テリトリー　縄張りのこと。人間やその他の動物が、自分の占有する地域やスペースを防衛し、他の者を排他して占有する。男性のほうが縄張り意識は強い。

結婚を引き延ばす男性の心理とは？

男性にとって結婚とは「責任」を負うこと

仲はいいのに、なかなか結婚に踏み切らないカップルは意外と多いものです。女性は、年齢と、妊娠・出産との兼ね合いがあるので、早く結婚したいのに、男性の方が二の足を踏んでいる、ということも珍しくありません。

それはなぜでしょう？　男性は「結婚」＝「責任を負うこと」と考える人が多く「自分はまだ責任を負える立場ではない」と思うと、なかなか一歩が踏み出せません。また、「結婚生活では自分が優位に立ちたい」という小さなプライドもあります。ですから会社員なら「せめてもう少し出世してから」、実業家だったら「事業で

男性は結婚に対して責任を感じる

婚期
仕事
婚期
結婚に対する男性の考え方は女性とは少し違うようです
結婚は責任が取れるようになってから
結婚はあと！出世が先
結婚が先延ばしになる

てから、男性はプロポーズする前、といわれている。それだけ男性は、経済的なことや、本当に今結婚してもいいのかと、悩む傾向が強い。

成功して、お金が儲かったら」と、自分の自信になるものを追い求め、結婚を引き延ばします。

結婚の責任は、夫婦二人で持つもの

しかし、こうした「○○できたら幸せになれる」という発想は、**「今、幸せであることが未来の幸せにつながる」という、幸福優位（15ページ参照）の逆を行く発想**です。これではたとえ結婚したとしても、いつまでたっても現状に満足できず、やがてギクシャクするかもしれません。結婚生活の責任は、男性だけが持つものではなく、二人で背負うもの。男性はそう捉えて、愛する人との生活を考えるべきでしょう。

ところで、女性の中にもなかなか結婚に踏み切れない人もいます。これは、両親と同居をしていて、親に依存した生活が快適すぎて、何かと制約のある結婚生活を避けている、親も娘を手元に置いておきたい気持ちが強く、手放せない、という二重の力が結婚を妨げています。

女性には2タイプある

家庭を持って
安定した暮らしがしたい
結婚したい派
早く子どもが欲しい
親と同居でラクチン！
ごはんよ
いつでも旅行に行ける
お金も自由になるし
現状が幸せ派
女性が結婚を望み、
男性が先延ばしするなら、
二人でじっくり話せる
時間を設けるといいニャ！

男女のマリッジブルーの違い マリッジブルーとは、結婚を控えた人が間近に迫った結婚生活を不安に感じたり、憂うつになったりする精神的症状（227ページ）。女性のマリッジブルーは、結婚が決まっ↗

「外見より中身」といいつつも、男はやっぱり美人が好き！

「みた目じゃないよ」といいながら、美人にときめく男性の心理とは？

男性が美人に惹かれる理由とは？

男性は女性よりも視覚優位です。耳で聞いた刺激より、目から入る刺激の方が強く印象付けられ、「美しい」という映像効果から「この人と付き合いたい」「セックスをしたい」という感情に結びつきます。**男性にとって「みた目」は重要**です。

また、美人を恋人にすることで、周囲からうらやましがられ、優越感に浸れる、という**男性の自尊心も背景にあります。**

大企業の社長の秘書に美人が多い、というのも、一つのステータスなのでしょう。

ところで、美人な女性は、「冷たい」という印象を与えることもありますが、多くの人が自信にあふれ、**自己効力感**が高いといえ、言動や行動まで魅力的にみえます。これも美人が好かれる理由です。

女性は容姿より「五感」で惹かれる

女性の場合、「私の好みのタイプはこんな容姿」という思い込みがある場合、それに引きずられて恋愛感情に走ることもありますが、多くは、**視覚、触覚、嗅覚、聴覚などの五感や、やさしい言葉をかけてくれた、といった精神面など、複合的な要素から、相手を好きになります。**「男は顔じゃない！」が女性の基本的なスタンスなのです。

自己効力感　様々な事柄に直面したとき、「こうすればうまくいく」という期待に対して、自分はそれを実行できるという期待や自信のことをいう。

男性は美人に弱い

こんな実験も！

赤ちゃんも美人が好き？

発達心理学者、ロバート・ファンツは、実験で生後5日以内の新生児でも、人の顔が認識できることを突き止めました。また、別の実験では、誰もが美形だと思う女性の写真と、そうでない女性の写真を、生後間もない赤ちゃんにみせたところ、誰もが美人だと思う写真の方を明らかに好んでよくみていたという結果が出ました。人間は美形を好み、赤ちゃんの頃から、その傾向があることがわかります。

恋愛豆知識

美人が必ず得をするとは限らない

「美人がどのような印象を持たれるのか」について調べた実験があります。被験者に美人とそうでない人の写真をみせ、それぞれの印象を聞いたところ、美人は「社交的」である他に、裕福で幸せな生活をし、公私ともに成功しているなど、いいこと尽くしの結果でした。

ところが、期待が大きい分、期待を裏切る行為をすると、「最悪の人」と評価されるようです。別の実験で、美人に「詐欺」の罪状をつけ、被験者に量刑を聞いてみると、かなり重い判決が下されました。

どうやら詐欺のような犯罪では「美人を逆手に取って、人をだまして悪い奴だ」とみられてしまうようです。美人であるがゆえにまわりから期待をかけられ、裏切られると、奈落に落とされるのも、美人がゆえのつらさかもしれません。

ロバート・ファンツ　アメリカの発達心理学者。生後間もない赤ちゃんから半年ぐらいの赤ちゃんの「みる力」を調べたことで知られている。

男性は女性より浮気性が多い

恋愛や結婚生活の不満から浮気に走ることも

72ページでも述べたように、**男性は美人な女性に感心を持ちます**。これはもう、男性の普遍的なパターンであり、それが浮気に転じることもあります。女性にとっての浮気は深刻な問題ですが、「ほんの出来心」ということも多く、あとで彼女や妻に謝ってすむことも多いでしょう。

また、男性が簡単に浮気に走りやすい背景には、できるだけ**自分の子孫を残そうとする動物的本能**もあります。そのため、他の女性に目が移ってしまっても「男の本能だから仕方がない」と許される面があるのです。

浮気は男の出来心
ぴろーん
きれい～、
付き合いたい
なぁ～
出来心
子孫を
残す本能
浮気心！
●何度も繰り返すことも
●社会的に大目にみられることも
●謝って許されるパターンも多い

男性が浮気を
しやすい理由は、
一つだけでは
ありません

能性が高く、浮気に対する罪悪感が少ない。欲しいものを全て手に入れたい野心家タイプも浮気しやすい。

ただし、なかなか浮気癖が治らないという場合は、現状の恋愛や結婚生活に不満があり、常に「新しい相手となら幸せになれる」と思ってしまうのかもしれません。

これは「**幸福優位**」（15ページ）の逆の発想であり、当然、何度浮気を繰り返しても、幸せになることはできないでしょう。

浮気を「正当化」することが問題に

しかし、いくら男性が「浮気をしやすい性」といっても、浮気をすれば後悔したり「パートナーに悪いな」という罪悪感も生まれます。そのため、**心のどこかに浮気を正当化する部分を持ち合わせることでバランスを取ろうとします。**

その場合、例えば、尊敬している父親が浮気性だったという場合、「あの素晴らしい父も浮気をしていたのだから、自分だって許される」などと、正当化するフレームを持ってしまうことがよくあります（222ページ参照）。

浮気行動は本音と建前が出やすい

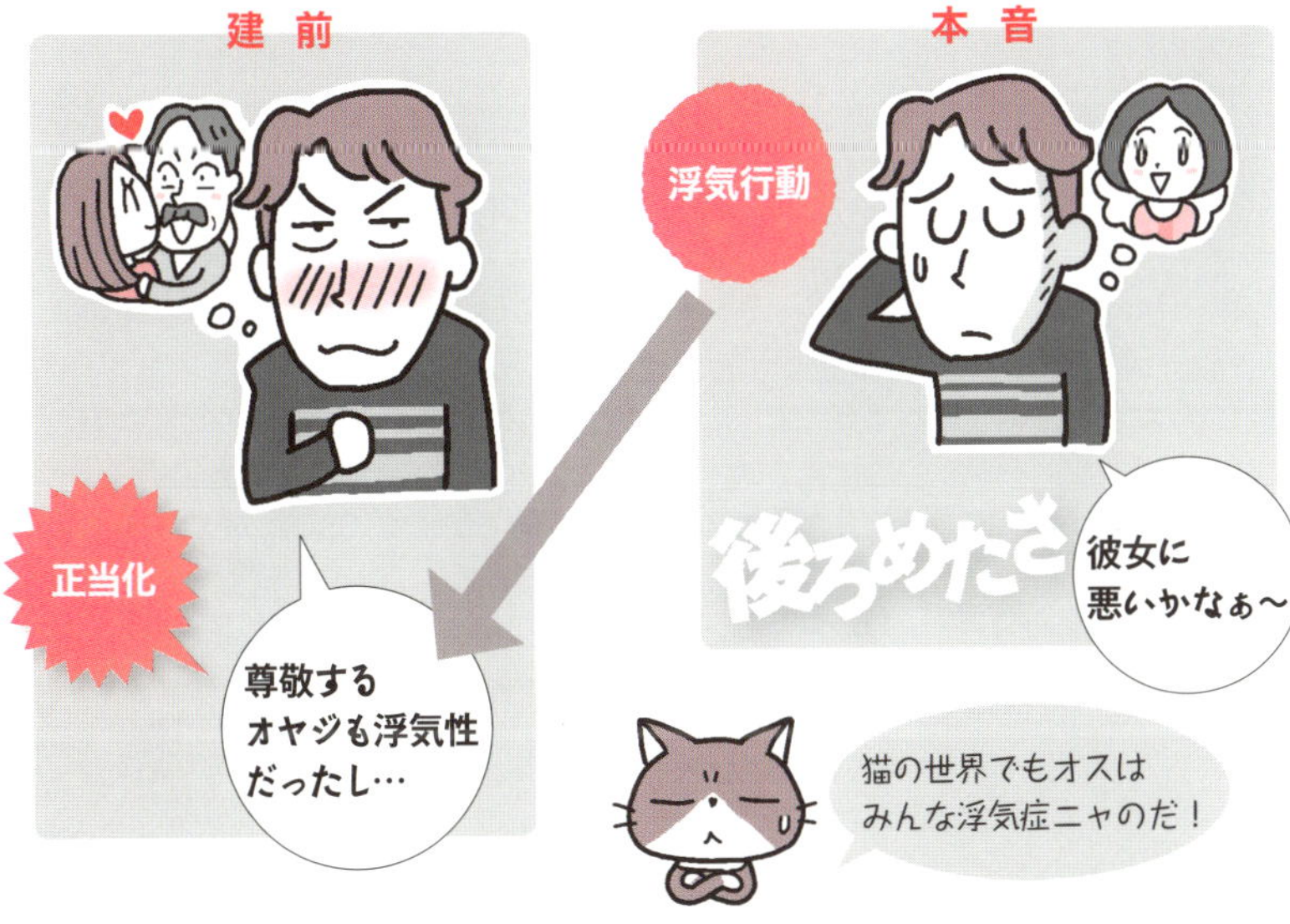
建前
本音
浮気行動
正当化
尊敬するオヤジも浮気性だったし…
後ろめたさ
彼女に悪いかなぁ～
猫の世界でもオスはみんな浮気症ニャのだ！

浮気をしやすい男性とは？ 前の彼女といつまでも連絡をとっている、自分のことが大好きなナルシストタイプ、女性にやたらとマメな男性。また、女性を思いやらない男性は、女性を軽視している可↗

男性は憧れの女性を勝ち取りたい！

女性の獲得にも、目標を高く掲げる

29ページでも述べたように、男性の幸福感を高めるものに「**達成動機**」があります。これは、目標を持って突き進み、達成することに喜びを感じることで、「何事もやるからには高い目標を掲げて、達成したい」と考えます。

これは、憧れの女性を自分のものにしたい、という心理にも現れます。バーなどに通いつめ、お金を使って人気NO・1の女性を自分のものにしようとする男性がいますが、これもわかりやすい例です。

そして、相手の女性が、自分に気持ちがあるのかないのかわからない、思わせぶりな態度を続けると、ますます男性の達成動機が刺激されます。

「高嶺の花」を射止めることで、自分の価値や評価を上げようとする

男性の達成動機は、自分に何かしらのコンプレックスを感じている男性の場合、消極化することもありますが、反対に、強い闘争心に転化する人もいます。容姿にコンプレックスがある場合、努力をして金持ちになって憧れの女性を射止め、まわりから「美女と野獣」などと呼ばれるカップルもいます。これは、美しい女性をパートナーに持つことで、**自分を大きくみせたり、評価を上げようとする心理**です（**ハロー効果**）。

男性には
「高嶺の花」を
ゲットしたい、
欲望があります

高嶺の花　遠くからみるだけで手に入れることのできないもの。恋愛においては、自分とは釣り合わないほどの美人などを指す。

男性の達成動機は女性に対しても現れる

高嶺の花を
勝ち取るための
男の戦いは
壮絶ニャのだ
絶対に
俺の彼女に
してやる〜っ！
チャレンジ
いや、
俺の彼女だ〜っ！

歴史上の人物でも、半農半兵の家に生まれ醜い容姿だった豊臣秀吉が、努力して自分よりも身分の高い武将の養女「ねね」を嫁にもらった話はよく知られています。ねねとの結婚は政治的な策略に加え、秀吉の自尊心を満たすために必要だったのでしょう。

入手困難なものを勝ち取ったあとの男性の心理

目標
ゲット
したい！
獲得すると…
高嶺の花を手に入れることで自分の評価が上がれば満たされるため、その後、彼女をあまり大事にしないこともある
？
しら〜

ハロー効果　光背効果、後光効果ともいう。肩書などのイメージを利用して、自分を実際より大きくみせて周囲の人から誇大評価を得ること。男性が美人を恋人にしたがるのもハロー効果を期待してのこと。

男性が、女性の悲しみに鈍感なのはなぜ？

男性が、
女性の気持ちを
汲み取りにくい
理由とは？

男性は相手の表情を読み取るのが苦手

女性が悲しんでいるのに、男性が無神経な話をして、反感をかうことがあります。逆に女性は、男性のちょっとした表情の変化を見逃さず、配慮に富んだ言葉かけができたりします。

相手の表情で気持ちを察知する脳の働きを「**表情認知**」といい、脳の中の「**大脳辺縁系**」と**呼ばれる部位が関係**しています。男性が表情認知の能力が弱いことは、米国のペンシルバニア大学の研究者による実験でもわかります。研究者は、男女の俳優に喜怒哀楽の表情をしてもらった複数の写真を男女の被験者にみせ、それぞれどんな気持ちなのか答えてもらいました。

男性と女性では表情認知能力に差がある

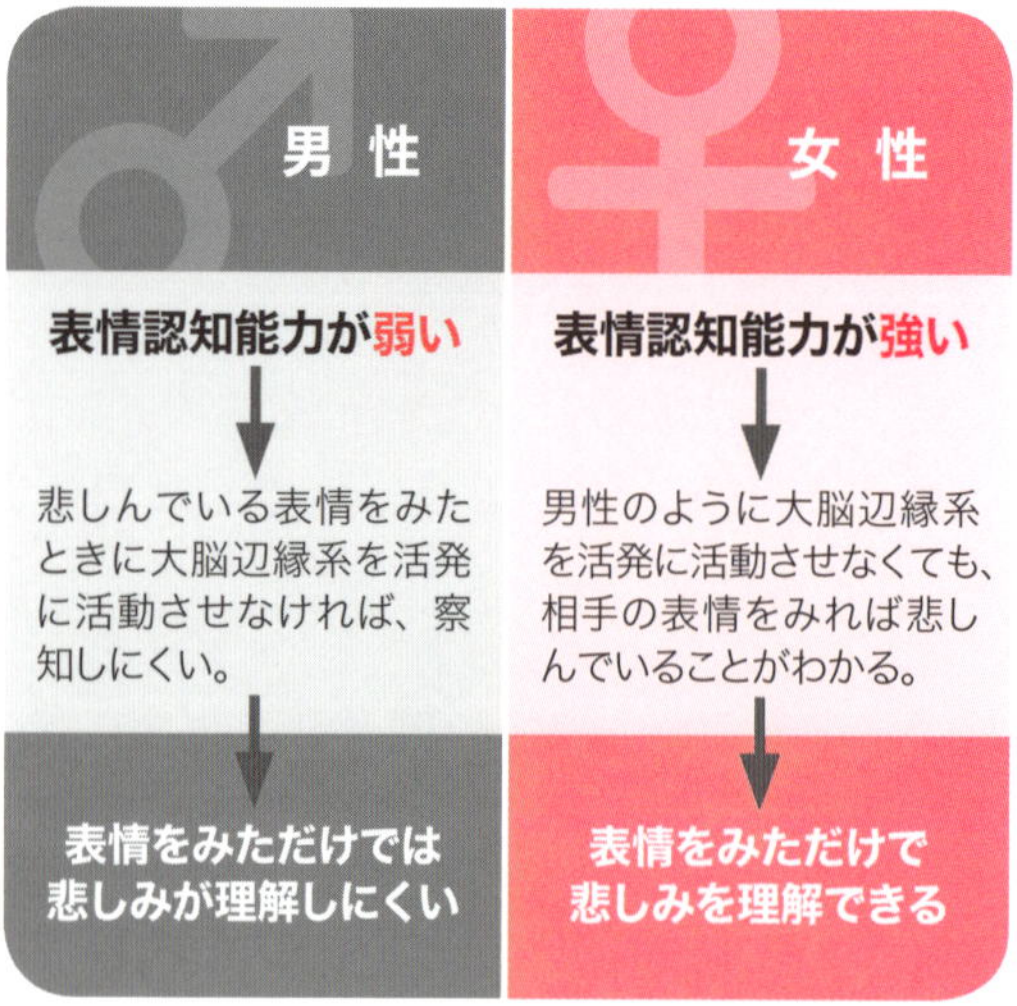

男 性
表情認知能力が弱い
悲しんでいる表情をみたときに大脳辺縁系を活発に活動させなければ、察知しにくい。
表情をみただけでは悲しみが理解しにくい
女 性
表情認知能力が強い
男性のように大脳辺縁系を活発に活動させなくても、相手の表情をみれば悲しんでいることがわかる。
表情をみただけで悲しみを理解できる

表情認知　対人コミュニケーションにおいて重要な役割を果たす。発達障がいのある人の中には、極端に表情認知が困難な人もいる。

男性は女性の表情を読み取る力が弱い

男女の俳優が色々な表情をした写真をみると…

大脳辺縁系は活動しない
大脳辺縁系が活発に活動

女性は男女に関わらず9割も悲しい表情を読み取った

喜びの表情は読み取れるものの、女性が悲しんでいる表情は、7割しか読み取れなかった

注目！

男は女性の悲しみがわかりにくいのです。どうか理解を！

すると「楽しい」「喜び」などの表情は男女ともに9割が読み取れましたが、悲しい表情は、女性は9割み抜けたのに対し、**男性は7割しかみ抜けませんでした。**しかも表情を読み取るとき、女性の大脳辺縁系はほとんど活動しませんでしたが、男性は活発に活動しました。つまり男性は、人の表情を読むとき、脳を活発に働かせなければ認知できないのです。男性が表情から悲しみが理解できないのは、ある程度仕方のないことかもしれません。

また、男性ホルモンの一種**「テストステロン」**の分泌が多く、**男っぽい男性のほうが、より悲しんでいる女性の表情を読み取ることが苦手、**という説もあります。「私が悲しいのに、彼はどうして気がつかないの？」とじれったくなる前に「今、とても悲しい」と口に出していったほうがいいのかもしれませんね。

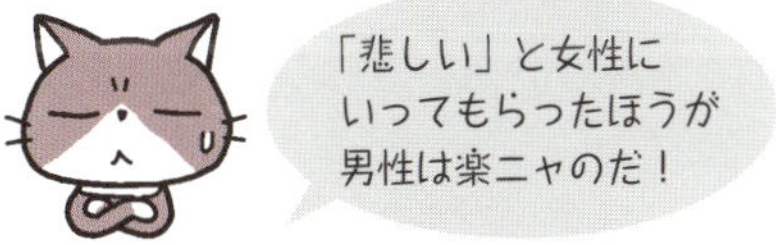
「悲しい」と女性にいってもらったほうが男性は楽ニャのだ！

大脳辺縁系　海馬、扁桃体、帯状回などの部位が属し、視床下部を包む形で位置。喜怒哀楽の中枢で、動物として生きるために必要な機能を保持する。

男性が勝敗にこだわるのは仕方がない？

勝ち負けにこだわるのは、男性の本能

男女ともに、サッカー、野球などのスポーツ観戦が好きな人はたくさんいますが、**勝ち負けにこだわるのは、圧倒的に男性**です。

これは狩猟時代から延々と受け継がれた男性の本能です。狩猟時代では、外敵と戦い勝利して獲物を射止め、自分の縄張りを荒らされないため、侵入者とも常に戦ってきました。戦うことに興奮を覚え、**負けることはかなりの喪失感となり、プライドを深く傷つけることに**なります。

TVでボクシングやサッカーの試合をみて、興奮している男性をみると、女性はちょっとば

何事も「負け」は男性のプライドをひどく傷つけます

自慢話が多いのも男性

注目！

あまり自慢話が多い男性は、ナルシストかもしれないので要注意！

社会的地位
学歴
年収
他者との比較をいつも気にしている
俺はスゴイ！と自慢話

女性のかしこい対応

女性は男性の自慢話をある程度同調しながら聞いてあげると、男性は満足する。あまり自慢話が過ぎる男性なら、付き合いそのものを考えた方がよいかも。

喪失感　深い愛着の対象となっている「大切なもの」を失ったときに感じる苦痛。失ったものへの愛情や愛着が深いほど、心のバランスを崩しやすい。

かばかしく思えるかもしれませんが、「男はそんなもんだ」と、見守ってあげてください。

男性は、年収や肩書にもこだわる

勝負事だけでなく、年収や肩書、学歴が上か下か、なども、女性より男性のほうがこだわる傾向があります。男性は社会的にも、常に他者との勝ち負けを意識して、勝つことを目指しています。自分を大きくみせるために自慢話も多いでしょう。

ただし、あまりにも勝ちにこだわりすぎると、**負けたときにプライドが大ダメージを受け、崩壊しやすい弱さを持っているのも男性**です。また、聞いていて不愉快になるほど自慢話が多い場合、自己愛が強い「**ナルシスト**」ということもあります。ナルシストの場合、いっていることと行動が伴わない、うまくいかなくなると周囲のせいにするなど、身近な人を不幸にします。

男は勝負事にこだわる

バカみたい…
女性は…
中には勝負事に熱くなる人もいるが、迷ったり反省したりするため、覚めることが多い
海外のサッカーの試合で、乱闘になることがあるが、あれも熱くなった男性たちなんだニャ
男性は…
スポーツなどの勝負事の他にギャンブルにものめり込みやすく、覚めにくい
なんで負けるんだよ～っ！

ナルシスト　心理学で「ナルシズム」を呈する人のことで、自己愛が強く、例えば、自分は特別な存在だと認識し、自分の能力や業績を高く評価して自慢する、など。

同じ体験をしても男女では、感動するツボが異なる

女性は未知のことや目の前の情景に感動する

映画をみたとき、あるいは旅行に行ったとき、**男女で感動する場面が違う**ことがあります。わかりやすい例に「山登り」があり、**男性は山に登った達成感に感動し、女性は登頂からみる雄大な景色に感動**します。

また、旅行では、未知のことにワクワクする**女性は、旅行の準備をしている段階からウキウキ**していています。

そのときの男性は、旅行の目的地まで、どういうルートで行けば渋滞に巻き込まれないか？など、行く過程についてあれこれ考えることを楽しんでいます。そして男性は、思惑どおり、スムーズに目的地に着いたことに喜びを感じます。一方女性は、目的地に着いて素敵な景色をみることに感動し、男性は、景色の美しさよりも、喜ぶ女性をみて、「来てよかったな」と思います。

感動するツボは違っても…

景色をみ終わると、感動冷めやらぬ女性は「景色が素晴らしかった」と話しますが、男性は、女性ほど景色に対する感動は残っていませんから、「そうだね」と相づちを打つ程度かもしれません。女性は、そっけない男性の態度にちょっと不満かもしれませんが、**女性と男性は感動するツボが違う**ことを理解してあげましょう。

男女で旅行に行ったり
映画をみるときに
覚えておくとよい！

ないで。旅行では、忙しい日常ではなかなか話せないことを話すと、さらにお互いのことをわかり合える。

男女では感動する場面が異なる

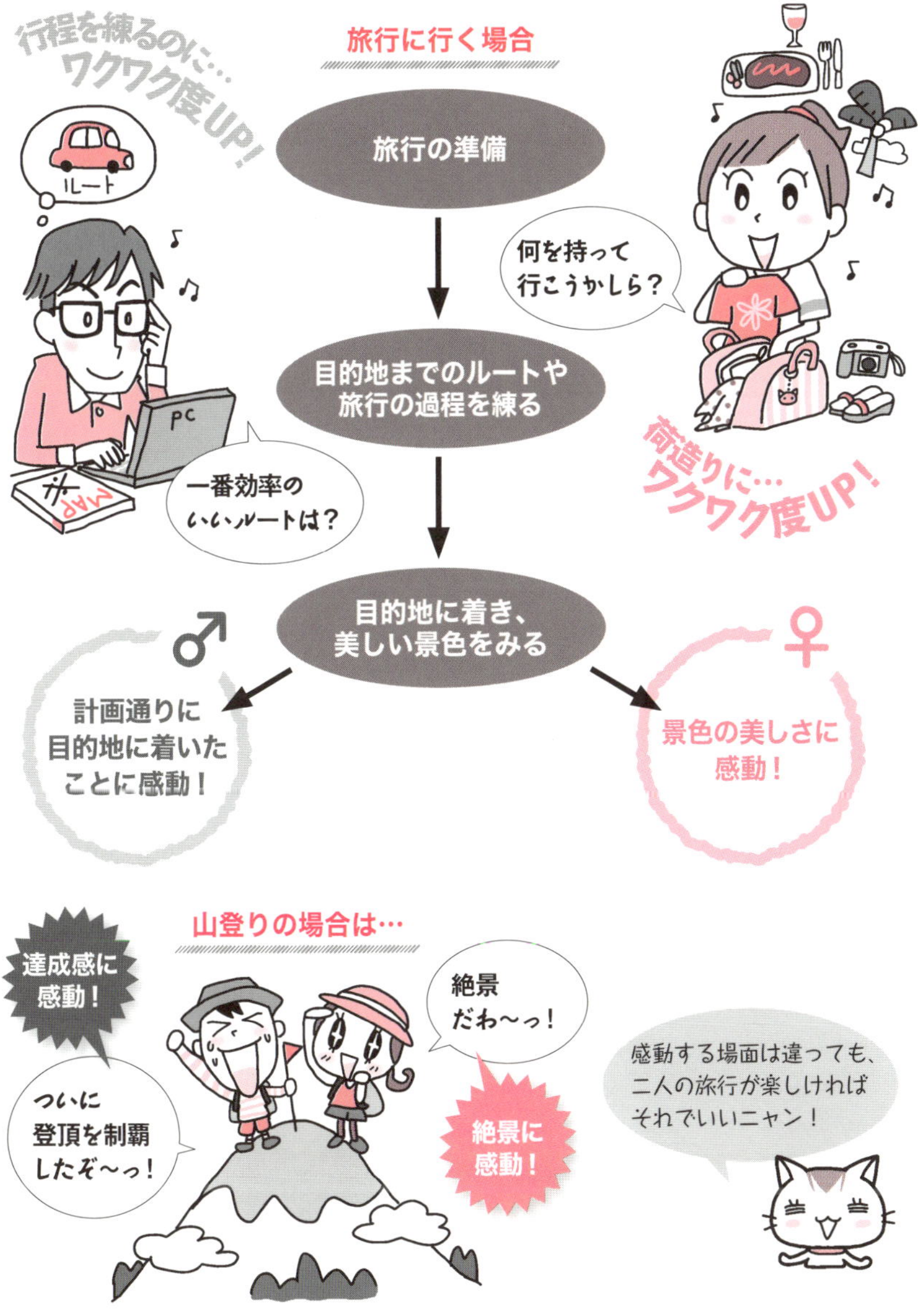

旅行に行く場合
行程を練るのに…ワクワク度UP！
ルート
旅行の準備
目的地までのルートや旅行の過程を練る
PC
MAP
一番効率のいいルートは？
何を持って行こうかしら？
荷造りに…ワクワク度UP！
目的地に着き、美しい景色をみる
♂
計画通りに目的地に着いたことに感動！
♀
景色の美しさに感動！
山登りの場合は…
達成感に感動！
ついに登頂を制覇したぞ～っ！
絶景だわ～っ！
絶景に感動！
感動する場面は違っても、二人の旅行が楽しければそれでいいニャン！

恋人との旅行の楽しみ方　旅行スケジュールや費用で、お互いに無理をしないこと。また、交通機関の待ち時間などでついイライラすると、お互いに気分を害す。いつもお互いを思いやる気持ちを忘れ ↗

増えている⁉ 草食系男子と肉食系女子

強いものに依存したがる草食系男子

最近は、恋愛、仕事、生活すべてにおいて守りの体勢をとる男性が増えています。これは先行きのみえない社会情勢の要因も大きいといわれ、何事も「冒険よりも安定」を優先し「安定した企業には入れさえすればいい」「公務員になって、老後までお金に苦労したくない」など、**強いものに頼ろうとする依存心ばかりが強くなっています。**

恋愛に関しても、気になる女性がいても、相手が確実に自分に好意を持っているという確信を持てなければ、自分からアクションは起こしません。また、「好きだ」「結婚したい」と思う

何事にも消極的な草食系男子

女性に告白しても、振られるのは嫌だな～
責任を取るのは嫌だなぁ～
誰かに従う方がまし
もぐもぐ
将来も不安だし

草食系男子

行動の特性
- 自発的な行動は苦手
- 自分の意見よりも人の意見
- 危ない橋はなるべく渡らない
- 保証があれば行動できる

草食系男性と
肉食系女性の
カップルは、
意外と
うまくいく?!

行く女性を「肉食系女子」と称するようになった。

気持ちを閉じこめて、その女性に似たアイドルを追いかけてごまかすなど、いつまでたっても進歩がみられません。そして内心では「これではダメだ」とわかっていても、なかなか自信を持つことができないのです。

草食系男子を射止める肉食系女子

このように、男性が草食化している一方で、**肉食系女性が増えています。**肉食系女子はチャレンジ精神が旺盛で、仕事や恋愛でもリーダーシップを発揮します。

彼女たちにとって、いいなりになってくれる草食系男子は都合がよく、積極的なアプローチで射止めます。**草食系男子にしてみれば、全ての決定権を持ち、責任を取る心配もない肉食系女子は、都合がいい**のです。結婚生活でも、バリバリ外で働く妻と、定時に戻って夕食の準備をする夫、というスタイルが、心地いい環境となります。

チャレンジ精神旺盛な肉食系女子

草食系男子と
女子のカップルは
うまくいくかも
しれないのだニャン！
男は
あてにならん！
女も自立！
ガオ〜〜！
WORK
出世もするわ！

肉食系女子

行動の特性
- 自分の意見がはっきりしている
- 常に前向き
- 自立を好む
- 専業主婦より働く妻

草食系男子・肉食系女子 2006年、コラムニストで編集者の深澤真紀が日経ビジネスオンラインで「草食男子」「肉食女子」と命名。以来、物事に積極的でなく、現状維持の男性を「草食系男子」、その逆を ↗

恋愛をしたがらない男性の心理

あえて
恋愛を避ける
男性がいます。
背景には、
何があるの？

恋愛は問題解決の連続

恋愛は、そのものが「ドラマ」です。愛し合う喜びの反面、様々な場面で「今は優しい言葉をかけて欲しいのに…」「彼（彼女）以外の人に惹かれる自分に気がついた」など、様々な問題が連続して起こります。

恋愛は、いい恋人をみつけるのではなく、**いい関係を二人で築いていくもの**です。恋愛の最中に起きる問題は、一つ一つ解決していかなければ、いい関係を築き、継続することはできません。**恋愛は、問題解決の連続**なのです。

ところが、こうした恋愛を「めんどくさい」と思う男性もいて、84ページで述べた「**草食系男子**」の中によくいます。彼らは「女性を理解することが苦手」だとか、好きな女性がいても「フラれて傷つくのは嫌だ」と、小さなプライドを守ろうとして、その先にあるめんどうな恋愛を避けて通ります。

恋愛を拒否する男性は仕事もできない

また恋愛は、相手の存在によって生活に変化をもたらしますが、「それまでの自由な生活に変化を起こす自信がなくて恋愛できない」、あるいは「したくない」ということもあります。

ところで、このように**恋愛に挑めない人には、仕事ができない人も多く**、なぜなら、恋愛も仕事も問題解決の連続だからです。

めている。ちなみに50歳までに一度も結婚したことのない女性の割合＝生涯未婚率は10.61%（2010年時）。30年前の約2倍以上。

恋愛をしない理由

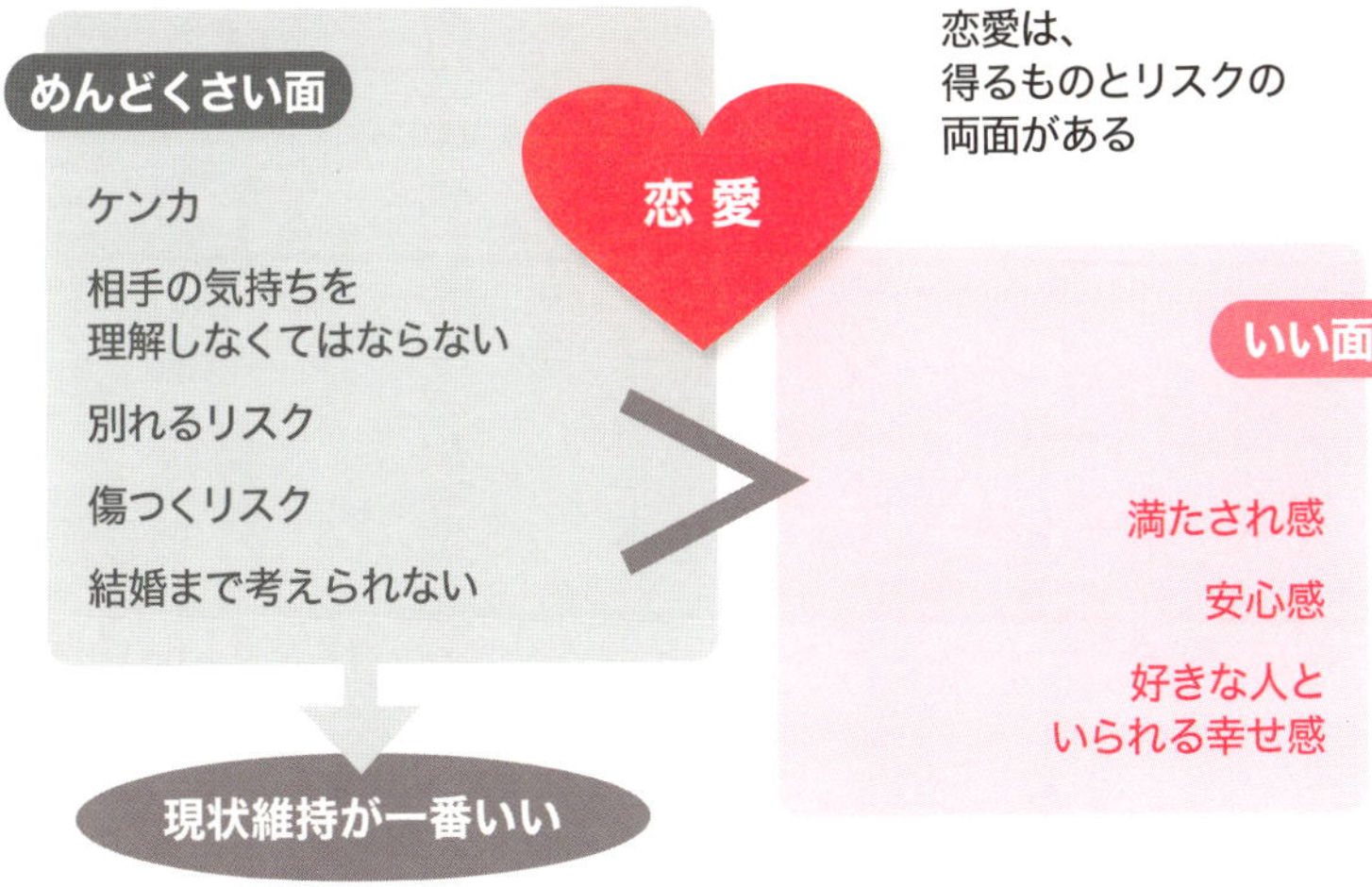
めんどくさい面
ケンカ
相手の気持ちを理解しなくてはならない
別れるリスク
傷つくリスク
結婚まで考えられない
恋愛
恋愛は、得るものとリスクの両面がある
いい面
満たされ感
安心感
好きな人といられる幸せ感
現状維持が一番いい

恋愛と仕事は共通している

別に….
恋愛の行く末について考えすぎたり、失敗したとき傷つくのが嫌で、恋愛から逃げてしまうんだニャ
マンガ
彼女なんかいらないし

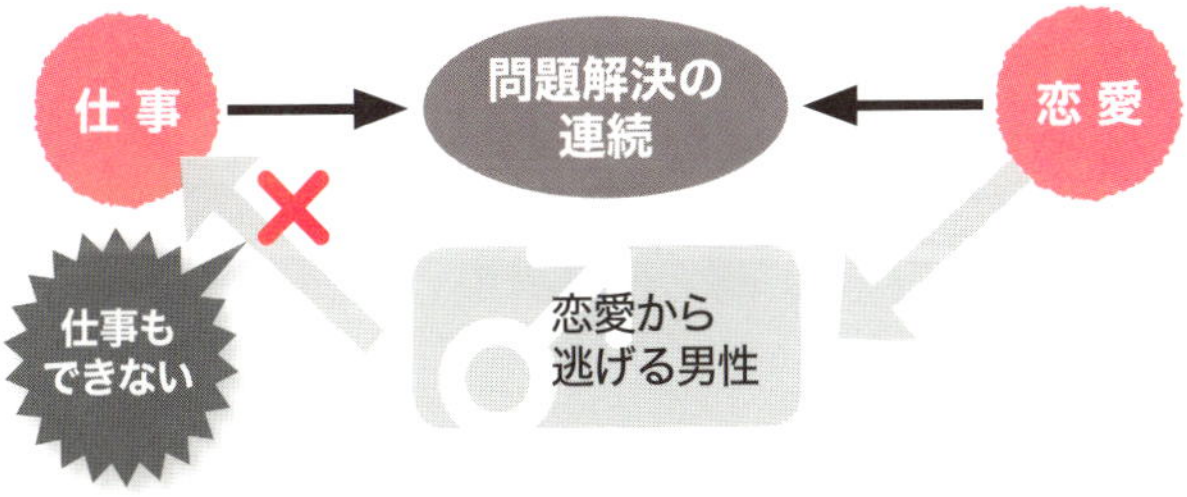
仕事
問題解決の連続
恋愛
恋愛から逃げる男性
仕事もできない

その反対に、いい恋愛ができ、女性といい関**係がつくれる人は、仕事の能力も高い、**ということになります。

女性が恋愛しない理由　過去の恋愛で傷ついたことがトラウマになっている、女性の社会進出、男性の収入減により、恋愛や結婚をしなくても寂しくなく、自立して生きていける、などの理由が多くを占 ↗

そもそも男性に「父性本能」はあるの？

女性には、生まれ持った母性本能がある

男女の内面的な違いとして、最もはっきりしているのは、**女性には「母性本能」がある**ということです。これは、女性が生まれ持った性質で、わが子や年下の人、弱者を守り育てたい、という欲求です。年下の悩みに親身になったり、困っている人を助けたいと思う気持ちの強い女性は、「母性本能が強い」といわれます。

一般に、母性本能は、**女性が妊娠・出産・育児をする過程で強化されていく**といわれます。

一方男性には、女性のような本能はあるのでしょうか？　男性には「**父性**」という言葉がありますが、これは正しくは、女性の母性本能の

育児参加は父性を育てる

育児に関わることで「この子を立派に育てなければ」という父性本能が芽生える。
よちよち、おなか空いたか？
パパ〜っ！
男性の父性本能は、育児を通して芽生えるようです

ワーク・ライフ・バランス（仕事と生活の調和）　従業員の意欲・生産性の向上が望め企業の増益につながるため、国も男性が育児参加できる働き方を推進。

母性と父性は芽生える時期が異なる

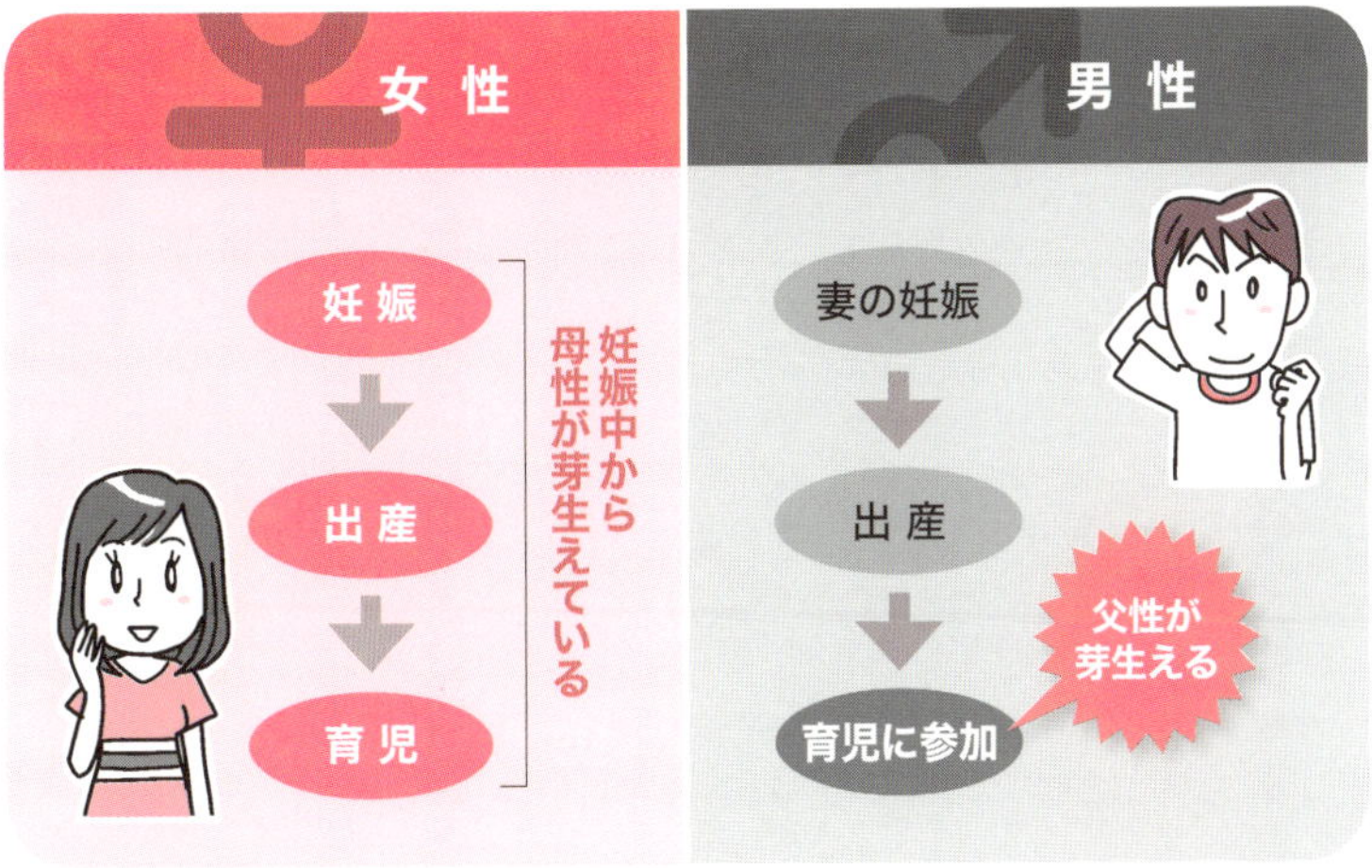
女性
妊娠
出産
育児
妊娠中から母性が芽生えている
男性
妻の妊娠
出産
育児に参加
父性が芽生える

ようなものではなく、子どもをもうけた男性が、子どもを社会人として送り出すための能力や責任のことを指します。

「父性」は育児に加わることで芽生える

しかし、男性も、わが子が生まれ、おむつを替えたりお風呂に入れるなど、**育児に加わることによって、母性本能に似た欲求が芽生えてくる**のです。

育児に参加することは大事ね。
結婚していない人も、
今から育児について
考えておくといいニャ

男性に父性が芽生えると、子どもへの愛情だけでなく、妻への思いやりも増すといわれます。「まだ結婚は先」と思っている恋愛中のカップルには、少し遠い話かもしれませんが、日ごろから「結婚したら育児に加わってもらいたい」と、話しておくといいですね。

父性　母性が子どもの欲求を受け止め満たしていくことに対し、父性は子育てにおいて、父親に期待される資質のこと。子どもを社会に適応させるための能力や機能のことをいう。

男性は行きずりのセックスに抵抗がない？

男性は性欲を満たすためにセックスができる

男性の**浮気行動**が、本能的な部分によるものであるのと同じで、セックスについても、「**一時の性欲を満たすための行為**」と、軽く捉える傾向があります。男性は生理現象として精液がたまるので、それに伴い性衝動にかられるのです。

コンビニに成人雑誌が堂々と置かれている文化の影響もありますが、男性が行きずりのセックスに、あまり抵抗がないのも、「男の性」ということです。

女性は愛情の確認行為としてセックスをする

一方女性にとってのセックスは、愛情を確認

日本は性情報に奔放な国

風潮

- セックスは恥ずかしいこと
- オープンに話すことではない

実際

- 成人雑誌やアダルトビデオは簡単に手に入る
- 繁華街には性風俗の店があり、入りやすい

女性にとってはちょっとショック？な、男性のセックス観の話です

症状の出にくいSTDでは、感染に気付かないことが次々に感染者を増やす原因になっている。

する行為であり、心身ともに満たされることを求めます。相手に愛情を感れる「雰囲気」がなければ性欲も起こりません。セックスのときも、女性は優しい言葉やムードがなければ白けてしまい、拒否することもあります。

　ただし、中には性に奔放で、誰とでもセックスできる女性がいますが、この場合、幼少期から親の愛情に飢えていて、**寂しさを埋めるために不特定手数の男性と関係を持ってしまう**ということがあります。

注目！

男にとってSEXは、一時の快楽を満たすもの。そう言われると、身も蓋もないが…

確かに男性のとってのセックスは、生理的、本能的な面が強いけど、女性を満足させることに喜びを感じる面もあるんだニャ

男女におけるセックスの違い

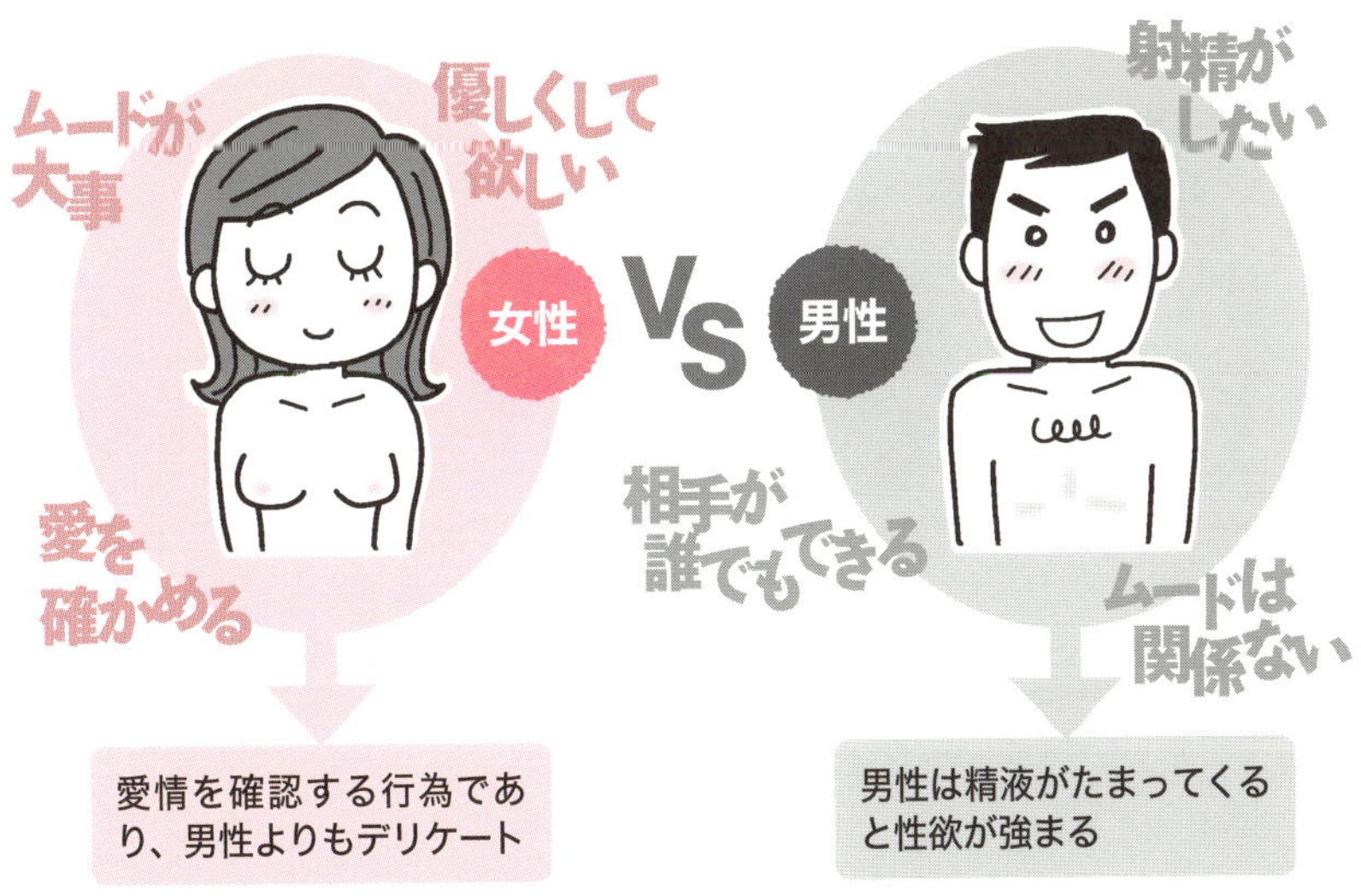
ムードが大事
優しくして欲しい
女性
VS
男性
射精がしたい
愛を確かめる
相手が誰でもできる
ムードは関係ない
愛情を確認する行為であり、男性よりもデリケート
男性は精液がたまってくると性欲が強まる

性行為感染症（STD）　エイズ、梅毒、淋病、クラミジア感染症、性器ヘルペス感染症、尖圭コンジローマなどがある。不特定多数との性行為により感染を広め、問題になっている。クラミジア感染症など、↗

ナットク!
恋愛心理学コラム

極端に歳の離れた異性と結ばれる理由

夫婦や恋人の中には、歳の離れたカップルがいます。芸能人で、親子ほどの歳の差のあるカップルが誕生すると**「歳の差婚」**と話題になりますね。男性が、極端に年上の女性を好む場合、母親とパートナーを重ねていることがあります。男性にとって初めて出会う女性は母親であり、基本的に男性は、程度の差はあるものの、**マザコン**傾向があるからです。母親とパートナーを重ねて考えるのは自然なことです。

そうしたことから10歳以上年上の女性と結婚するカップルもいますが、先々に性的関係の限界はあるものの、女性の方が精神的に大人であることで、精神的にいい関係を保つことが多いようです。

逆に、女性が極端に年上の男性と結婚する場合、歳の近い男性よりも経済的に余裕がある、包容力がある、友人関係が広いなど、年上の男性ならではの魅力に惹かれるようです。

いずれしても、パートナー選びは個人の自由で、**いくつ歳が離れていようが、本人同士が幸せなら、それに勝るものはありません。**

PART 3

恋愛のきっかけは、どこにある？

Part 3

恋のきっかけは色々ある

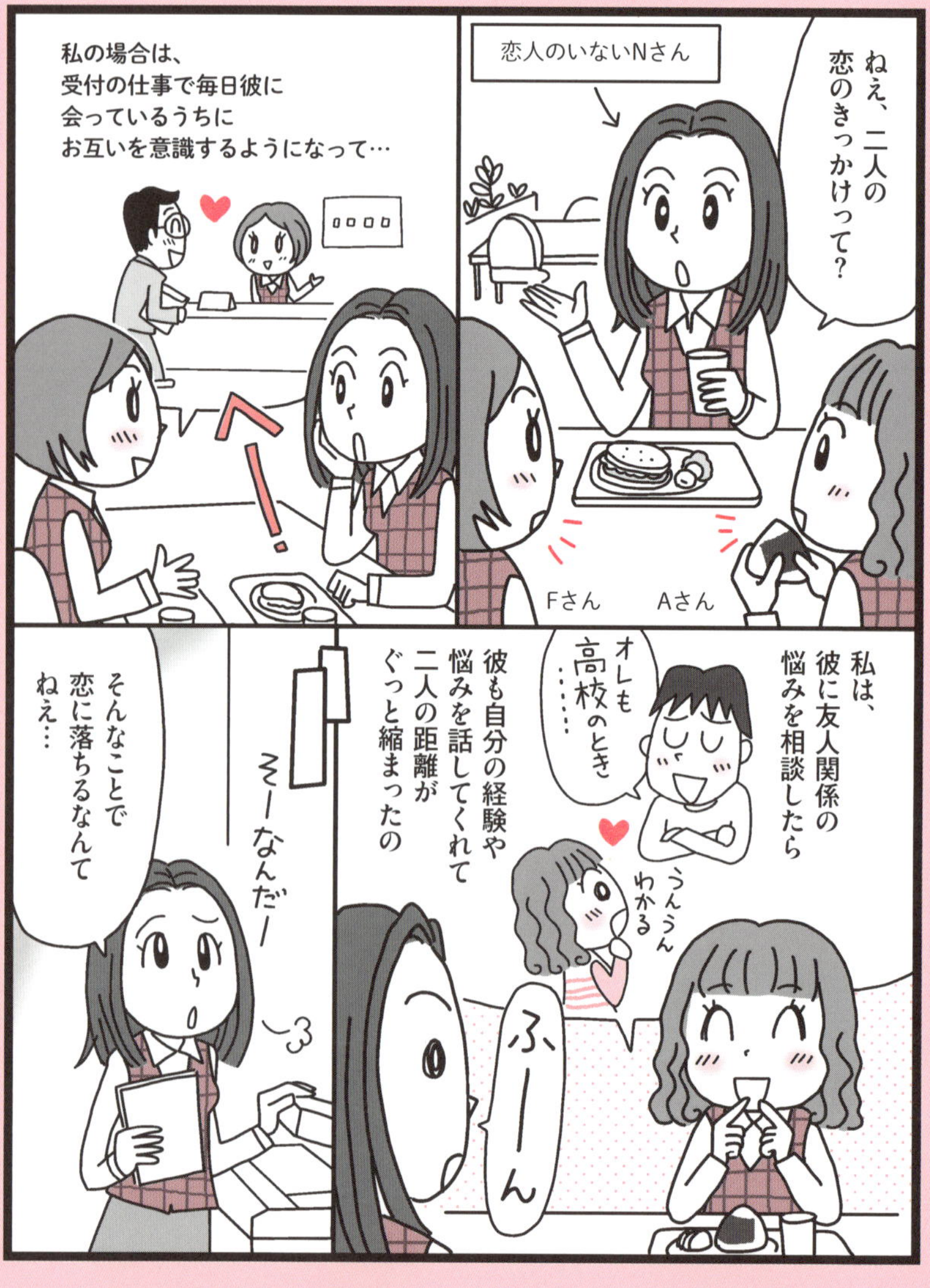

恋人のいないNさん
ねえ、二人の恋のきっかけって?
Fさん
Aさん
私の場合は、受付の仕事で毎日彼に会っているうちにお互いを意識するようになって…
へ!
私は、彼に友人関係の悩みを相談したら
オレも高校のとき……
彼も自分の経験や悩みを話してくれて二人の距離がぐっと縮まったの
うんうんわかる
ふーーん
そんなことで恋に落ちるなんてねえ…
そーなんだー

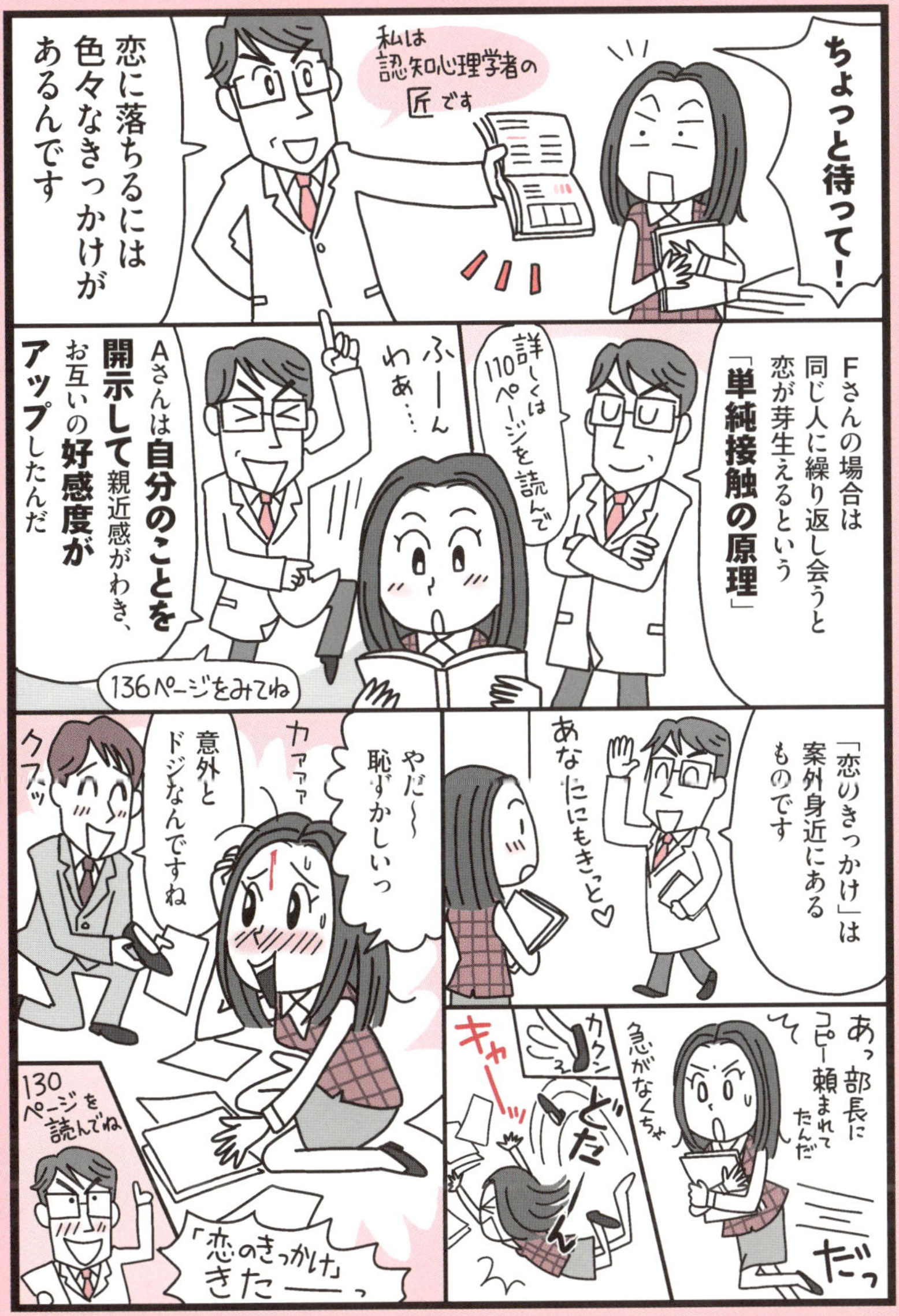

ちょっと待って！
私は認知心理学者の匠です
恋に落ちるには色々なきっかけがあるんです
Fさんの場合は同じ人に繰り返し会うと恋が芽生えるという「単純接触の原理」
詳しくは110ページを読んで
ふーーんわぁ……
Aさんは自分のことを開示して親近感がわき、お互いの好感度がアップしたんだ
136ページをみてね
「恋のきっかけ」は案外身近にあるものです
あなたにもきっと♡
あっ部長にコピー頼まれてたんだ
急がなくちゃ
だっ
カクン
キャーッ
どたーん
やだ〜恥ずかしいっ
カァァァ
意外とドジなんですね
クフッ
130ページを読んでね
「恋のきっかけ」きた——っ

ドキドキしていると恋に落ちやすい

恐怖にドキドキしているとそばにいる人を好きになりやすいこと、知ってますか？

そのドキドキは、「恋」なの？

怖い体験をすると心臓がドキドキしますが、このタイミングで異性に接すると、恋愛感情が生まれやすいといわれます。

なぜなら、恐怖の下ではドキドキしますが、このドキドキは、恋のときめきと、とてもよく似ています。ですから、怖くてドキドキしているときにそばに異性がいると、「錯誤《さくご》帰属《きぞく》」という心理が働き、「この人にドキドキしている」と錯覚してしまうのです。

錯誤帰属とは、自分の体験に間違った意味付けをしてしまうことで、実は怖くてドキドキしているのに、「これは恋心だ」というレッテルを

怖い体験は恋に変わる

恐怖によるドキドキなの？
目の前の人を好きだからドキドキしているの？
ドキドキ
錯誤帰属
「目の前の人を好き！」と錯覚して恋愛感情が生まれる

ラベリング理論　いわゆるレッテルを貼る行為のことで、例えば「悪い奴」というレッテルを貼られることで、本当に悪いことをしてしまう心理のこと。

貼られる**ラベリング**によって、「恋心」に書き換えられてしてしまうというわけです。

「吊り橋の実験」でわかること

怖い体験が男女の心理に与える実験として有名なのが、カナダの心理学者、**ダットンとアロンによる「吊り橋の実験」**です。

深い渓谷にかかるグラグラ揺れる吊り橋と、安定した吊り橋を、18～35歳までの独身男性が渡ります。渡り切ったところで女性が声をかけ、そのときの気持ちを聞いてみると、女性に圧倒的に強い関心を示したのは、グラグラ揺れる吊り橋を渡った男性の方でした。

グラグラ揺れる吊り橋を渡った**恐怖によるドキドキが、女性に魅力を感じたためのドキドキだと思い込んだため**と考えられます。

恐怖を体験するお化け屋敷やジェットコースターでは、男女は恋に落ちやすいのかもしれません。

お化け屋敷はカップルが生まれやすい？

恐怖の館
ギャー
ギャアアアア
ギャ
ドキドキする！
私、この人のことが好きなの？

おすすめのデートスポット
- お化け屋敷
- 遊園地のジェットコースター
- 街灯のない夜道
- 険しい山道

危険にさらされているときのドキドキは、恋してドキドキしているのではニャイのよ～

ダットンとアロン　カナダの心理学者で、ドキドキすると人は恋に落ちやすいという「吊り橋理論」を「生理・認知説の吊り橋実験」によって実証させた。

初対面の印象がその後の恋を左右する

初対面の印象は全体像まで左右する

　初対面の出会いで、第一印象はとても重要です。それは一目惚れが結婚率で最も高いというアメリカの調査結果からもわかります（109ページ参照）。第一印象が悪ければ、なかなかその人に対する評価は上がりません。中には「最初は悪い印象だったけれど、実はいい人」という場合もありますが、これはその後も同じ職場などで繰り返し接触し、相手のことを理解したあとのことです。

　初対面の相手を理解しようとする心理を「**対人認知**」といいます。このときにだらしない服装だったり、まともに挨拶もできないなど、マイナスの印象を抱くと、最初に植え付けられた印象が全体の印象形成に影響します。これを「**初頭効果**」と呼びます。ちなみに、初対面のときに、第三者に「いい人だから」などといわれると、印象形成によい影響を与え、これを「**寛大効果**」といいます。

初対面では、少し気を遣ったほうがよい

　人間は、会って不愉快だと感じる人とは、あまり会いたくないですから、恋愛の場合、第一印象が悪いと、次の約束も拒否され、挽回のチャンスすらめぐってこないこともあります。**人は出会ったとき、まずみた目から入り、次に内面をみていきます。**相手が誰でも、初対面では、

初対面の印象は、
その人のすべてを
印象付けて
しまいます

印象形成　出会ったときの印象で、相手のパーソナリティを判断すること。第一印象が悪いと全体の印象形成も悪くなるといわれる。

第一印象は、いいに越したことはない

こんなことに気をつけよう

- 清潔感のある身なりで
- 自慢話はしない
- 自分の話ばかりしない
- 相手の話をよく聞く

第一印象が最悪
うげ――っ、キザ男！

はじめまして！
第一印象がいい
さわやか～！また会いたいわ～
そういえば、Yちゃんも彼のこといい人だっていっていたわ！きっといい人ね（寛大効果）

初頭効果
- Good! その人全体の印象がよくなる
- Bad! その人全体の印象は悪いまま

身だしなみや会話は、多少気を遣ったほうが、物事はプラスに働きます。
といっても、服装をブランド品で固める、香水をつけるということではなく、自分らしい服装で、自然に会話ができれば十分です。変に気を遣いすぎても逆効果です。

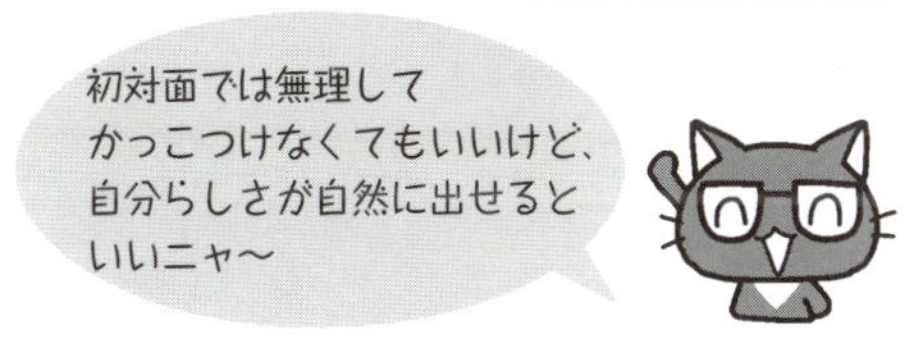
初対面では無理してかっこつけなくてもいいけど、自分らしさが自然に出せるといいニャ～

初頭効果　最初にインプットされた情報が全体の印象や評価に影響すること。ちなみに、目立った特徴のある人を好意的に評価することを「光背効果」といいます。

「好みの顔から好きになる」には、理由があった！

人が「好みの顔」を求めてしまうのは、脳の働きに理由があったのです

誰にでも好みの顔がある

72ページで「男性はやっぱり美人が好き」という話をしましたが、全ての男性が、目が切れ長で鼻筋の通った美人が好きというわけではありません。男女共に、**人によって「顔の好み」があり、それぞれ好みの顔に特徴があります。**

「私は、目が細くて、たらこ唇が好き！」「私はキツネ顔が好き！」など、友達同士で「好みの顔談義」に高じたとき、お互いに「なんでそんな顔が好みなの？」と不思議に思うかもしれませんが、それほど好みの顔には個人差があります。

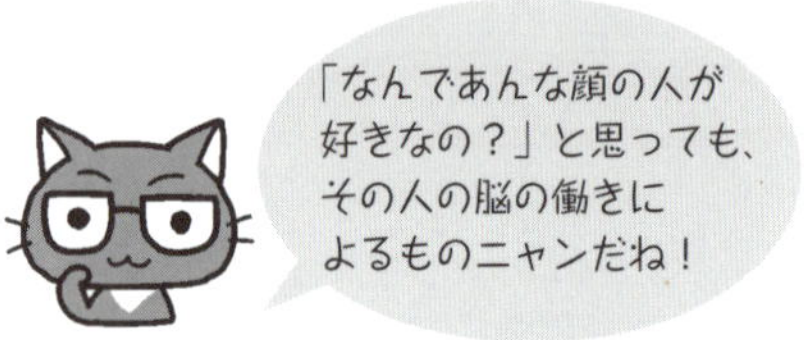

「なんであんな顔の人が好きなの？」と思っても、その人の脳の働きによるものニャンだね！

そして「好みの顔」から恋愛感情がわくことも少なくありません。

例えば、色白で丸顔、目のくりっとした顔が好みの男性は、そのような顔立ちのタレントが好きですし、付き合う女性もそんな顔立ちのことが多いようです。

「好みの顔」と「大好物」をみたときの脳の働きは同じ

なぜ人は好みの顔を求めるのでしょうか？

それには脳の中で快楽をつかさどる「**報酬系**」と呼ばれる神経経路が関係しているといわれます。好みの顔をみたときの脳は、報酬系に含ま

側坐核　前脳に存在する神経細胞の集団で、報酬、快感、嗜癖などに重要な役割を果たすといわれている。

好みの顔は人それぞれ

なぜだ？
たらこ唇が好みなの
ブタ顔が好きっ！

好みの顔をみると、脳は目の前に大好物があるときと同じ状態になり、惹かれずにはいられなくなる

恋が芽生える！

だから人は、似たような顔の人を好きになる

その前
前の前
前の彼
今の彼
しあわせ

「今の恋人も前の恋人も、よく似ている」ということは、ふつうにあること

れる「側《そく》坐《ざ》核《かく》」と呼ばれる領域が活発に活動することがわかっています。この状態は、好物の食べ物が目の前に出たときの喜びと同じで、好みの顔をみたときのときめきは、自動的にわきおこるもの。**好みの顔をみた瞬間から、それに惹かれずにはいられなくなる**のです。

報酬系　哺乳類の場合、中脳の腹側被蓋野から大脳皮質に投影するドーパミン神経系であるといわれている。

相手のあなたをみる目が輝いたら、「好き」のサイン？

興味のあるものをみると瞳孔が広がる

人は興味のあるものをみるとき、瞳孔が広がります。これは、アメリカの心理学者、ヘスの実験でもわかっていて、自力で止めることのできない現象です。ヘスの実験では、男女の被験者に「風景」「赤ちゃん」「赤ちゃんを抱いた女性」「男性のヌード」「女性のヌード」など、複数の写真をみせました。瞳孔は光の加減でも大きさが変わるので、一定の条件のもとで行われました。

　すると女性の被験者は赤ちゃんを抱いた若いお母さんの写真、男性の被験者は、女性のヌード写真をみたときに、瞳孔が広がったことが確認できたのです。

目は口ほどにモノをいう

興味のある対象をみるときは目が輝くといわれますが、ヘスの実験からも、これは本当のようです。つまり、**相手があなたをみる目が輝いていたら、「あなたに興味があります」というサイン**です。そして人は自分に興味を持つ人に興味を抱く傾向があり、そこからお互いが意識し始めることもあります。

　このように、言葉はなくても、しぐさや表情、視線から気持ちを読み取ることを「**ソーシャル・スキル**」といいます。言葉によるコミュニケーションより、ここから恋が始まることも少なくないかもしれません。

ジッと
みつめられると
気になり、
そこから恋が
生まれることも

ウソをついているときの視線　ウソをついているとき、男性は視線をそらす傾向があるが、女性は相手から視線をそらさない傾向がある。

興味のあるものをみると瞳孔が開く

心理学者ヘスの実験

あら
おおっ

赤ちゃんの写真をみたときの女性の瞳孔は、25％も大きくなった

女性のヌード写真をみたときの男性の瞳孔は、20％も大きくなった

好きなものをみる
↓
無意識に瞳孔が開く
↓
瞳が輝く

猫も好物をみると
目がとっても
大きくなるの！

こんなことも!? ただ、あんまりみつめられても…

カッ
な、なにか用？
好きだ！
好きだ

ちょっと引いてしまうかもしれないのでご注意を！

ソーシャル・スキル　一般的には、社会の中で他人と交わり、共に生活していくために必要な能力のことをいう。

視線が合う回数が増えたら「ラブ」のシグナル？

相手と目が合いやすくなると…

102ページで話した**ソーシャル・スキル**は他にもあり、人は好意を寄せる相手には視線を送る回数が増え、みつめる時間が長くなります。心理学者、アガイルとディーンの実験では、異性同士、同姓同士、各二名のコミュニケーションの場面で、同じ話題で会話をしたとき、**好意を寄せる相手との距離が遠くなるほど、視線を送る時間が増える**という結果が出ています。

つまり、相手との距離が遠くなると、言葉によるアプローチがしにくくなるため、**無意識に視線を送る回数と時間が増え、相手と目が合いやすくなる**というわけです。

言葉で気持ちを伝えにくいなら視線で

また、特に好意を抱いていない相手との会話で視線を送るのは、1回3秒ほどで、それ以上視線を送るのは、相手に特別な感情があると解釈されることもわかっています。

つまり、**会話の最中に、ちょっと意識してしまうほど相手がみつめてくるのは、何か特別な思いを寄せていることになります。**好意を抱いている人がいて、言葉で気持ちを伝えられないときは、少し相手を長めにみつめてみると、気持ちが伝わるかもしれません。ただし、あまり意識しすぎると、逆に目をそらしてしまうこともあります。

なんとなく
相手の視線を
感じるようになったら、
「好き」という
メッセージかも

数と時間が長いことがわかった。対人関係に一定の親密さがあり、相手と距離がある場合、親密さを回復しようとする働きが生まれるということ。

アイコンタクトの増加は「好き」のサインかも

ジー!!
あいつ、
笑っちゃう
だろ！
は
この前行った
カフェ、また
行きたいよね！
気になる相手との距
離が離れると、視線
を送る回数が増える

「好きだ」と意識しすぎると、アイコンタクトを避けることも

？
こ、
この書類を
……
バレバレ
意思の疎通は「口」よりも
「目」なのかもしれない
相手のことが好きになると、意識し
すぎて目を合わせることができず、
かえってバレてしまうこともある

アガイルとディーンの実験　同性間・異性間二名のコミュニケーション場面で、相手との距離を「近い」「中程度」「遠い」に分け、同じ話題で視線交錯時間を測定した。結果、距離が遠いほど、視線を送る回 ↗

「友達」が「愛してる！」に変わるとき

「友達」と「思い人」の違い

「友達だと思っていたのに、いつの間にか恋心に変わっていた」という話はよくあります。長く友達として付き合ううちに、「自分を理解してくれるのは彼（彼女）だけだった」「一緒にいると居心地がいい」など、様々な気づきがあり、いつのまにか「好きだ！」という気持ちに転じるようです。ＴＶドラマでも、幼なじみの男女が、最後は結婚するというストーリーがよくあります。

心理学的には、友達の頃の気持ちは、相手に対する「好意」（いい奴だと思う気持ち）「尊敬」（自分より優れた能力を持っていると感じる）

「友達」だと
思っていたのに、
いつの間にか「恋」に
変わっていること、
ありませんか？

「友達」のときの気持ち

自分よりも
仕事が
できる
尊敬
まあまあ！
どことなく
自分に似て
いるな
類似
元気？
いい奴
だと思う
好意

友達だと思っているときは、「好き」ではあるが、左ページで紹介する、恋愛における「好き」とは性質が異なる

えたら、それが「ラブ」のサイン。「手をつなぐ」「キスをする」など、友達同士ではあり得ないスキンシップの関係に発展したら、それはもう恋人同士。

「類似」（自分に似ている気がする）の3つの要素から成り立つといわれます。

これが「恋心」になると、**「親和・依存欲求」**（相手と密接につながっていたい、いなくなるとつらい）、**「援助傾向」**（相手の幸せのために犠牲を払っても尽くしたい）、**「排他的感情」**（他者を排除して、相手と二人きりになりたい。相手を一人占めにしたい）などの要素になります。

この気持ちは「友情」なのか「恋」なのか？

友達として「好き」な感情と、恋人として「好き」な感情は、質の異なる感情です。

長く友達として付き合っていると「友達愛なのか恋心なのかわからなくなる」ということもありますが、「相手といつも一緒にいたい、失うとつらくないか？」「相手の幸せのためなら犠牲を払ってもいいと思うか？」など、自問自答を繰り返してみると、おのずと答えが出てきます。

「恋愛感情」が生じてからの気持ち

離さない！
自分が犠牲になってでも相手を幸せにしたい
援助傾向
いつも一緒にいたい、離れ離れなんて考えられない
親和・依存欲求
二人きりになりたいし、彼（彼女）は自分だけのもの
排他的欲求
愛してる〜
恋人未満、友達以下、という関係は存在しないのだニャ
友達と恋人の「好き」は、言葉は同じでも、性質がまったく異なる

「友達」から「恋人」になるときは？ 「毎日電話で話す」「誕生日を二人で祝う」などは、恋人として意識していなければできないこと。「大事な日を一緒に過ごしたい」「いつも触れていたい」という感情が芽生 ↗

「一目惚れ」は意外とうまくいく？

一目惚れから恋愛に進むステップ

みた瞬間に相手を好きになるのが「一目惚れ」。そのまま結婚に進むカップルには「ほんとに大丈夫？」と心配になりますが、**一目惚れから結ばれるカップルは少なくありません。**

一目惚れは、一方が相手を好きになります。相手は、自分に好意を抱いてくれるのですから悪い気はしません。すると、相手をよくみようとする**「ピグマリオン効果」**が起こりやすくなります。そして、相手に少しでも好感を抱いていたら、そのときはさほど相手を好きじゃなくても、例えば「食事ぐらいはいいかな？」と、相手にいいことをしてあげようという気持ちに

アメリカ人は一目惚れしやすい

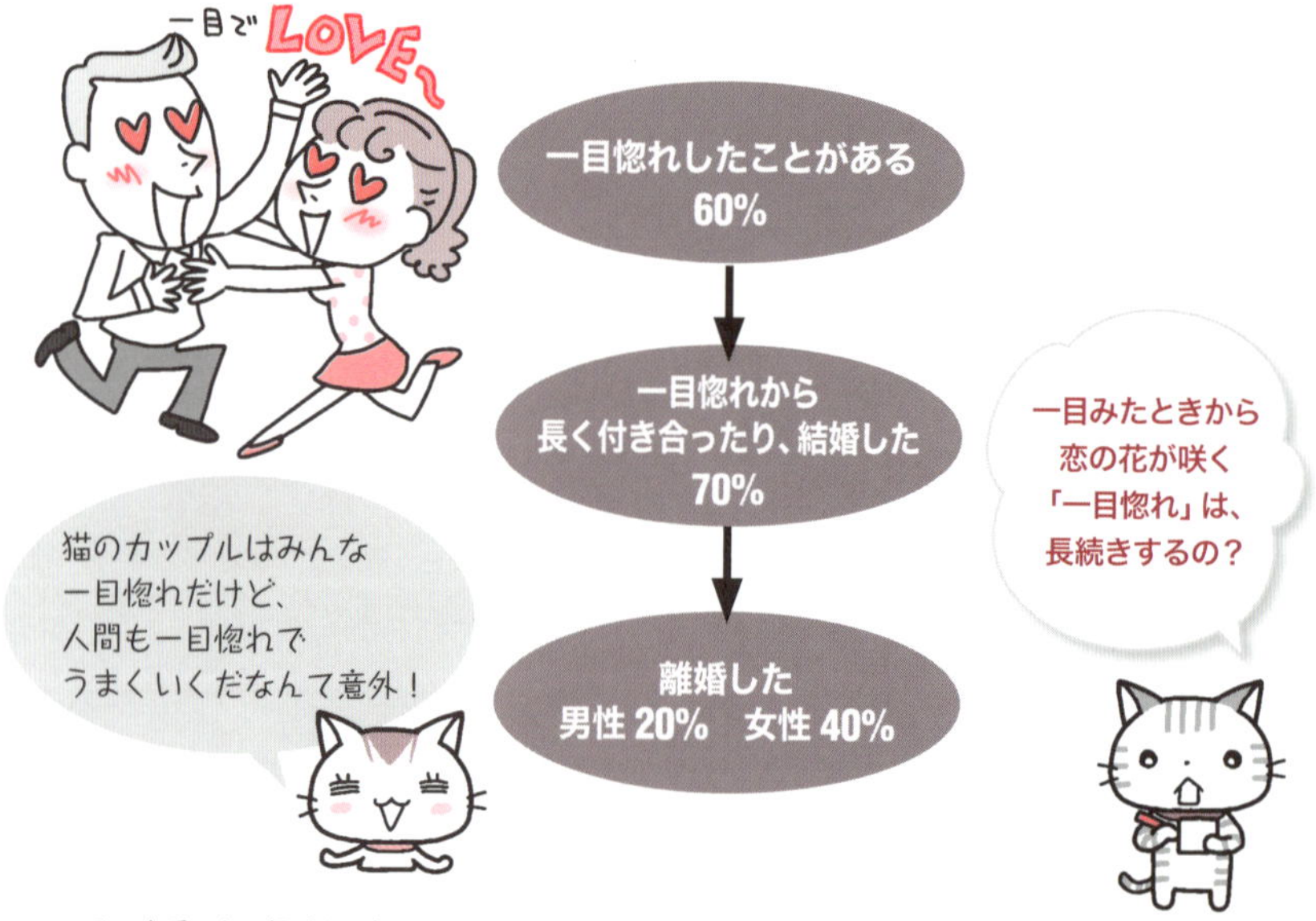
一目で
LOVE〜
一目惚れしたことがある
60%
一目惚れから
長く付き合ったり、結婚した
70%
離婚した
男性 20%　女性 40%
一目みたときから
恋の花が咲く
「一目惚れ」は、
長続きするの？
猫のカップルはみんな
一目惚れだけど、
人間も一目惚れで
うまくいくだなんて意外！

いる。恋愛でも、相手から好かれることによって期待に応えようとする心理が働く。ただし、生理的に苦手な相手の場合はうまくいかないことが多い。

なります。そして食事という行動を共にすることで、その行動を正当化しようとする原理が働き、だんだん好意的な行動を取るようになります。そうして恋愛関係に進んでいきます。

全てのケースがこのように進展するわけではありませんが、思いの外、うまくいっているカップルは多いようです。

アメリカは一目惚れ大国？

ところで、アメリカでは一目惚れから結婚に至るカップルは多いといわれ、1500人の男女を対象に行った聞き取り調査では、**一目惚れから長期的な恋愛交際をしている人が約70％、結婚に至った人も全体の約55％**と半分以上もいたということです。しかも、離婚率が高いアメリカで、**一目惚れから始まったカップルの離婚率は、約20％以下**と低いこともわかりました。

どうやら海の向こうでも、一目惚れから結ばれるカップルは珍しくないようです。

「好き」といわれれば好きになる「ピグマリオン効果」

好きだ！
もしかして、一目惚れされた？
私のこと好きだっていうし、食事ぐらいいいか…
ウキウキ
ま、いいか

ピグマリオン効果によって、一目惚れしてくれた相手に好意が高まってくる

ピグマリオン効果　教育心理学における心理行動の一つ。教師の期待によって生徒の成績が向上すること。別名「教師期待効果」とも呼び、人間は期待されると成果を出す傾向があることの現れとされて↗

繰り返し会った相手を好きになる

接触すればするほど、相手が気になる

毎日、同じ電車に乗り合わせる人がいると、その人がいない日は「体調でも悪いのかな?」などと気になったりします。これは、同じ人を繰り返しみているうちに違和感が消え、親しみがわいてくるためで、アメリカの心理学者、**ザイアンス**はこれを「**単純接触の原理(熟知性の法則)**」と名づけました。

これを証明するザイアンスの実験があります。「味覚の実験」という名目で、挨拶以外の言葉は交わしてはいけないという条件のもとで、面識のない学生を複数回集めました。

その後に会った人に対する高感度を調査すると、**顔を合わせる回数が多い人ほど高感度が高**いという結果が出ています。

結婚相手は、割と身近に存在する

また、アメリカの心理学者、**カーン**の実験では、男性の被験者と向かい合わせに女性Aは50cmの距離、Bの女性は2m離れた椅子に座らせ、話し合いをしてもらいました。二人の女性は共にサクラで、話の内容も同じような内容です。話し合いのあと、被験者に「好感を抱いた女性は?」と訪ねると、Aの女性に高い高感度を示しました。男性が

毎日、
顔を合わせるうちに、
相手のことが気になり、
やがて恋が
芽生えることも

毎日顔をみるだけで
相手に好意を抱くのは、
自然の感情なのね!

ザイアンス　ポーランド生まれでアメリカの社会心理学者。認知過程に関する様々な主題を研究。単純接触の原理は別名「ザイオン効果」と呼ばれている。

恋愛マンガ スポーツジムでの出会い

サクラになった実験でも、同様の結果が出ています。

単に距離が近いだけでも、好感を抱きやすいということがわかります。「結婚相手は半径100m以内にいる」（112ページ参照）という理由も、納得できますね。

単純接触の原理

繰り返し会う
↓
親近感が生まれる
↓
いつも会う人が突然いない！
↓
寂しさ（飢え）の感情
↓
この人が好きだ！（恋愛感情の芽生え）

単純接触の原理　身近な人だけでなく、毎日みているＴＶタレントにいつのまにか好感を抱いている、毎日効くCMソングが好きになることも単純接触の原理。

結婚相手は、半径100m以内が多い？

元クラスメイトや同僚のカップルは多い

前項で「**単純接触の原理**」について述べました。人は、繰り返し会う人ほど好意的に思えるようになります。そのうち、言葉を交わすようになり、少しずつ**自己開示**（136ページ参照）することで、ますます親しみが増してきます。

そのうち、いるはずの場所に相手がいないと、どこか気持ちが満たされない「**飢えの感情**」が生まれ、自分が相手を必要としていることを感じます。そうした流れで恋愛に発展するのはごく自然のことで、恋人同士や夫婦が「元クラスメイト」だったり「元同僚」ということも少なくありません。

社内恋愛のメリットとデメリット

メリット	デメリット
仕事で遅くなっても、事情がわかるので理解してもらえる	ケンカをしたり別れたあとも、顔を合わせなければいけない
相手のいいところも悪いところも理解しやすい。また、相手が悩んでいるときの癖や表情もわかるので、気持ちを汲んであげやすい	シークレットの場合は、特に周囲にばれないように気を遣う
お互いに仕事の相談をして、アドバイスをもらえる	どちらかが昇進したとき、嫉妬することも

赤い糸で結ばれている人は、身近に存在することが多いようです

婦には手当を出す、転勤先を同じにするなど、多方面で支える制度のあるところも。

社内恋愛にもいい面と悪い面がある

さらにいうと、クラスメイトや会社の同僚など、**同じ空間を過ごし、お互いのいいところも悪いところも熟知した関係は、長期的な恋愛や結婚に至ることも多い**ようです。

ただし、毎日繰り返し会うたびに、相手の嫌な部分が目についたり、生理的に苦手になってしまうこともあります。その場合は、会うほどに相手を嫌いになっていきます。

ところで、近い人と結ばれるといえば「**社内恋愛**」ですが、いい部分も悪い部分もあるようです。いい面も悪い面も受け入れて「お互いを必要」と感じたときが、結婚の時期かもしれませんね。

注目！

半径100mをみ渡せば恋の相手がいるかもしれない

結ばれる相手は近くにいる

半径
100m！
PC
近いところにいる人が未来の伴侶だったりするのね！

「単純接触の原理」(110ページ参照)から、繰り返し会うと相手が気になり、いつしか、相手がいなくなると寂しく感じたりする。そこから自分の気持ちに気がついて、恋愛に発展することも多い。

社内結婚　文字通り、職場で知り合って結婚すること。実際に社内恋愛から結婚に至るケースは多いといえる。最近は少子化の問題を受けて、社内結婚を奨励する会社も出てきている。社内結婚した夫 ↗

似た者同士が惹かれ合うのは、なぜ？

人は共通点のある人に好意を持ちやすい

初対面の相手でも、話しているうちに、偶然、出身地が同じだったりすると、急に親しみを覚えることは、ありませんか？　また、趣味が一緒、あることに対する考え方が同じなど、**人は自分に似た人に好意を抱きやすい**といえます。

人は、自分と類似性や共通性を持っている人に安心感を抱き、「この人は私と同じだ」という感情から、自分自身のハードルを低くして相手と親しくなりやすいのです。

この場合、自分の優れている部分が似ているより、劣っている部分が似ている方が相手を理解しやすく「相手の弱さを認めて補ってやろう」といった慈愛にも似た気持ちが生まれます。

心理実験でも証明されている

人は似ている者同士を好きになりやすいかどうかを調べた実験があります。

アメリカの**心理学者ニューカム**は、学生寮に入った17人の学生を、宗教や人種問題などについて同じ考え方を持たない学生が隣同士になる部屋割りにして、半年後に誰と誰が親しくなったのを調査しました。すると、住み始めの頃は、隣同士など、近い部屋の学生同士が親しくなりましたが、しだいに**考え方の似ている者同士が親しくなっていきました。**

人は「同じ気持ちで過ごせる」「なんとなく安

人は、自分と
共通点のある人と
結ばれる
運命にある？

ニューカム　アメリカの心理学者。社会的規範や準拠集団についての研究を行い、独自の社会心理学を構築した。

心できる」と感じることが、より親密な気持ちへと発展するのです。

似ている者同士は惹かれ合う

趣味が一緒！
同じ趣味の男女は話が弾み、一緒に趣味をすることで、結ばれやすい

食べ物の好みが一緒！

「うどん」は絶対に関西風、朝ご飯はご飯派、納豆大好き、など、食べ物の好みが同じというのも親しみやすい

田舎が一緒！

「田舎が同じ」というだけで安心感、安堵感が生まれ、恋に発展しやすい

音楽の好みが一緒！

好きなアーティストについて語ったり、ピアノなど共通の楽器を習っているなど、音楽も恋愛のきっかけに

類似性と共通性の法則

相手に類似性を発見！

↓

心のガードが緩み、安心する

↓

相手への親近感や好意が芽生える

弱い部分が似ていると、お互いに助け合おうという気持ちになるのね！

似たもの夫婦　ミンガン州立大学の研究では、夫婦の類似性が高いのは、結婚する時点で性格が似ている相手を選ぶため、という結論に至っている。

親密な相手とは、できるだけ近くにいたい！

心の距離と体の距離は近いほど短い

人と人との距離は、相手との関係によって、かなり幅があります。見ず知らずの他人とは、あまり近くにいたくないと思うでしょう。それは空いている電車やバスの座席に座るとき、できるだけ人と離れたところに座りたくなる心理でもよくわかりますね。

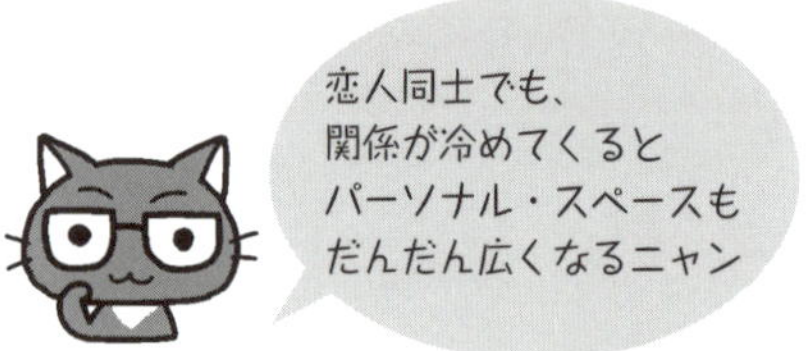
恋人同士でも、
関係が冷めてくると
パーソナル・スペースも
だんだん広くなるニャン

人間には、「**パーソナル・スペース**」といって、自分の体の周囲に、他人に入り込んで欲しくない空間があります。これは、隣合わせになる**人との親密度によって差があり、親しいほど狭くなります。**

ちなみに、職場など、公的な場所で他人と空間を共有しなければならないところが最も広く、次に家族間や親しい友人など、プライベートな空間、もっとも狭いのが、恋人同士や夫婦です（左ページ参照）。**パーソナル・スペースは、「縄張り」のようなもので、そのゾーンに属さない人の侵入があると、不愉快になります。**

好きな人は
近くにいても、
不快な気持ちに
ならないものです

相手が近くにいることを拒まないようなら…

恋人同士の場合でも、それほど親しい関係でなければ、それがパーソナル・スペースに現れます。つまり、**付き合って間もないカップルと**

1.2mで、親しい友人など）、親密ゾーン（0.6m以内で、恋人、夫婦など）。

パーソナル・スペースの分類

遠い
個体距離
電車の中など、あかの他人と空間を共有する場合、最もパーソナル・スペースが広い
事務的距離
会社など、同僚などの他人と空間を共有する場合、約1m程度の間隔があればストレスが少ない
近い
親密距離
ラブラブの恋人同士の場合、最もパーソナル・スペースが近い

深い付き合いのカップルでは、体の距離も違うということです。

気になる相手が、近くでよく話してくれたり、並んで歩いてくれるなら、あなたに対して親しみを感じている、というサインかもしれません。

ヒューマン・スペース　人類学者ホールが提唱する対人距離。公的ゾーン（3.3m以上で、あかの他人の距離）、社会的ゾーン（1.2～3.3mで、上司など、親しくない他人との距離）、対人ゾーン（0.6～ ↗

苦楽を共にした男女の愛の絆は強い！

つらい体験で得た連帯感は、やがて恋に…

運動部のつらい練習をともに乗り越えた部員同士や、難題山積みの仕事をやり遂げた仕事仲間の友情は、強く結ばれます。男女の場合はどうでしょう？

例えば職場で、顧客から信じられないほどの短い日数で納品しなければならない依頼がきました。何日も徹夜しなければいけませんが、同僚の男性は、黙々と働いています。それをみた女性は「○○さんもがんばっているから、私もがんばらなければ」と、彼を真似て黙々と仕事をします。

もちろん、二人にとっては大きなストレスですが、仕事をするうちに励まし合ったり、慰め合ったりしながら、乗り越えます。このように**つらい体験を分かち合った者同士には連帯感が生まれ、これがやがて恋愛感情に変わる**ことも少なくありません。

苦労して幸せを築いたカップルは別れにくい

ところで、同棲生活や結婚生活がつらいことの連続で、二人で力を合わせてようやく幸せを築いた場合も、強い絆で結ばれます。苦労して手に入れた幸せの重みに比べれば、今、二人の前で起きている問題のほうが小さく、これまでの苦労を簡単に捨てることができないからです。

つらいことを
体験した男女の愛は、
簡単には
切れないものです

など、お互いの行動に幻滅してしまうこと、などがある。

また、**お互いに苦労を乗り越えたことを尊敬している**、ということもあります。

一方、最初からお金や物に恵まれた夫婦では「恵まれていることが、あたり前の生活」であり、何かしらの理由で貧しくなったとき、お互いを責めるだけで、「二人で助け合って出直そう」という気持ちにはなりにくいといえます。

ゼロからスタートし、苦労を共有した男女の絆は、苦労知らずの男女とは、比較にならないほど強い、といえそうです。

恋愛マンガ 苦楽を共に

ある日上司が
この資料
あさってまでに
まとめておいて
どどん
こんなに!?
徹夜で残業
ひどいっ
理不尽だわ
頭くるよな〜
がんばろうぜ
きつね
ラーメン
PC
やった！できたーっ
あなたのお陰よ!!
君がいてくれたからだ!!
連帯感…そして愛に！

苦労の
積み重ねが、
男女の絆をより
強くしていく
のね！

スピード離婚　結婚後、すぐに離婚してしまうこと。「成田離婚」は、新婚旅行をきっかけに離婚することを指す。背景には、新婚旅行に夢を膨らます一方で、現地で「夫が頼りない」「妻が依存しすぎる」↗

相手からほめられると好きになる!

自分を認めてもらいたい「自己肯定欲求」

ほめられて悪い気持ちのする人は、あまりいないのではないでしょうか? ほめられれば悪い気持ちはしませんし、子どもの場合、ほめることでやる気が出て、勉強やスポーツが伸びることもわかっています。

人間には、**「自己肯定欲求」**という欲求があります。**「自分を認めてもらいたい」「評価してもらいたい」という気持ちを満たすこと**で、自己肯定感を高めることができます。また、同じような心理に**「社会的是認欲求」**があり、これは、「他者に認められたい」という欲求、「あなたの意見や行動は正しい」といってもらいたい欲求で、そう

こんなことも! バーでよく見られる光景

た〜さん スゴイわぁ
できる男ね
だろ〜♥
ママわかってるね
おかわり!!

バーのホステスやママは、「○○さん、さすがよね!」「尊敬しちゃう」などといって、男性の自己肯定欲求を満たし、お客を離さないようにしている

注目!

好かれたければ まず、ほめよ
ほめればあなたを好きになる

ほめてくれる相手に
恋心を抱くのは
自然の流れなのです

心理的報酬 心が受け取るごほうびで、喜びや満足、心地よさのこと。ほめられてうれしくなるのも心理的報酬による効果。

いってくれる人を求めてしまいます。

ほめる気持ちを忘れなければ幸福度が上がる

ですから、自分のことをほめてくれたり、認めてくれるなど、**心理的報酬**を与えてくれる人には、とても好意的な気持ちになります。相手が異性なら、「こんなふうに私のことを認めてくれる人なら、一緒にいて幸せだろうな」と、恋心を抱くこともあります。恋愛に発展しても、お互いのいいところを認め、ほめることを忘れずにいることで、幸福感に満たされた日々を送ることができます。

ただし「**結婚詐欺師**」（251ページ参照）は、この心理を利用して、巧みな話術で騙します。不自然なほめ方や認め方は、ちょっと引いて聞いた方がよいかもしれません。

誰かに認められたい欲求
スゴーイ！
○○さんって頭いい！
ほめる
いや〜それほどでも〜
うれしいよ
自己肯定感が満たされる
こんなふうにいわれて過ごせると幸せだなぁ〜
この人が好きっ！
お互いを尊敬して、ほめる気持ちを忘れなければ、幸福感に満たされるの

恋愛における社会的是認欲求　尊敬したりほめ言葉を口にすることで「この人は自分のことを理解してくれている」という気持ちになり、相手との心の距離が縮まり、効果的に関係を深めていくことができる。

好きなのに冷たい態度をとるのはなぜ？

やたらと
意地悪をしてくる
相手がいたら、
それは「好き」の
サインかも

嫌よ嫌よも好きのうち

小学生ぐらいの男の子が、決まって同じ女の子をいじめることがあります。まわりの友達に「おまえ、ほんとは○○ちゃんのこと、好きなんじゃないの？」といわれ「嫌いだよ」といいながらも、顔がほんのり赤くなっている、という、ほほえましい光景もありますね。

大人でも、家にいるときは、四六時中相手のことを考えるほど好きなのに、いざ、本人に合うと、わざと避けたり、冷たくふるまうことがあります。このように、心で思っていることと反対のことをいってしまう心理を「**反動形成**」といいます。

これは、本心がバレてしまうことで自分の評価が下がったり、本心が相手に伝わることで嫌われることを恐れ、**本心とは裏腹なことをいったり、態度に出すことでごまかそうとする心理**で、人間の持つ、**自己防衛の一種**ともいえます。

意地悪しすぎると、
本当に相手に
嫌われてしまうかも…。
素直な気持ちを伝える
ことも大切ね！

自分の気持ちを誠実に相手に伝える勇気を

人間は、誰でも弱い部分を持っていて、その弱い部分を露呈するのが恋愛です。自分が傷つきたくないがゆえに、本心とは違うことをいったり行動をとってしまうことも、無理のないこ

を隠すものであったりする。「慇懃無礼」あるいは「馬鹿丁寧」などと形容されるふるまいは、反動形成の典型といわれる。

好きなのに意地悪をする心理

スキ
スキ
スキ
パンツみえたっ
いじわるっ
本当は好きなのに、心と裏腹のことをいってしまうのは、相手に自分の気持ちがバレて、自分が傷つきたくないから
この心理が…
反動形成

こんなことも! 身近にある反動形成

奥さま おはようございます
あら おはよー
ムカつく
ゴミ
ゴミ

大嫌いな相手だが、本心が相手にばれると悪口をいわれるなど、自分が不利になるため、わざと愛想よくする

とかもしれません。しかしいつまでも、子どものように好きな相手に冷たい態度をとるのも未熟な気がします。**自分の大切な気持ちを誠実に相手に伝える勇気も、また大切なこと**なのです。

反動形成　フロイトが発見した自我の防衛機制の一つ。抑圧された欲求と反対傾向の態度が強調して示されること。他人への過度の配慮がその人への攻撃心を隠すものであったり、清潔好きが汚物愛好 ↗

落ち込んでいるときは恋をしやすいの？

どん底にいるとき、優しい言葉をかけられたら

人は誰でも、失敗したり恥をかいたりして落ち込んでいるときに優しい言葉をかけられると、その人に好意を持つものです。恋愛においても、**人は落ち込んでいるときに優しい言葉をかけられたりすると、恋に落ちやすくなります。**

心理学者の**ウォルスター**は、**自己評価**の低さと人に対する高感度を証明する実験を行っています。参加者は複数の女子学生で、性格検査を実施し、後日、結果を聞きに来たとき、そこには素敵な男子学生（サクラ）がいて、デートに誘われます。次に実験者が登場し、偽の性格検査の結果を読み上げます。これには自己評価が

こんなことも！　いくら落ち込んでいても…

あ、ありがとう…
元気をお出し
空を見上げてごら～ん
うぜぇ～
失恋したあとに恋に落ちやすいのは本当ニャのね。猫もそうなのかしら…
自己評価の低さと恋に落ちやすさは比例しているようです
いくら自己肯定感が低い状態でも、キザ男からの歯の浮くようななぐさめは、うっとおしいだけ

自己肯定感　「自分自身は大切で、かけがえのない存在」と思える心の状態。幼少期の生活や教育環境によって左右されると考えられている。

下がる結果と上がる結果があり、その後、先程の男子学生や実験者への好感度や「デートに応じるか？」などを訪ねました。

すると、自己評価が低くなる結果を聞いた女子学生のほうが、男子学生のデートに応じ、好意を抱くことが明らかにわかりました。

自尊理論により恋に落ちやすくなる

自己評価が下ったとき、なぐさめたり励ましてくれる相手に好意を抱きやすくなることを**「自尊理論」**といいます。**失恋のあと、優しく接してくれた相手を恋に落ちやすいのも、自尊理論が働くため**だと思われます。

注目！

人の心は不思議なもので、
落ち込むほどに
恋の花咲くことがある

落ち込んでいるときは恋に落ちやすい「自尊理論」

高
なかなか恋に落ちない
性格的に自己肯定感が強く、自分に自信がある人は、なかなか恋をすることができない
スキがない…
自己評価
ドンマイ！
恋に落ちやすい
失敗をしたり失恋をしたあとなど、自己評価が下がっていると、優しくしてくれた相手が魅力的にみえ、恋に落ちやすい
低

自己評価　自分で自分についての評価をする機能のこと。自己評価が高いことは、自尊心を持つことで、つまり自信を持つことをいう。反対語は「他者評価」。

助けた相手を好きになる不思議な心理

何かをしてあげたい相手を好きになりやすいのはなぜ？

心の矛盾を回避したい「認知不協和」という心理

心理学には「認知不協和」と呼ばれる理論があります。人は、**考えていることと行動が矛盾していると、不快な気持ちになるもの**ですが、それを避けるために、行動や考えを正当化しようとする心理です。

恋愛の場合、さほど気にならない相手が困っているときに手を貸したり、助けたことから、恋に発展することがあります。

というのも、「好き」という感情もないのに、親切にしたり助けたりすると「好きでもないのに手を貸すのはなんだかおかしい」という矛盾を感

こんなことも！ 認知不協和「のんべえ」の場合

酒は百薬の長というし…
仕事の付き合いには欠かせない
不安な気持ちを抱く…
酒を飲みすぎると、体に悪いかも…
飲酒を正当化する！
認知不協和

人ほど、自分の行動を正当化させようという心理が働くため、認知不協和に陥りやすいといえる。

じ、「手を貸すのはこの人が好きだからだ」と思うことで、矛盾を解消しようとするからです。

「酒飲み」「喫煙」と認知不協和

恋愛における認知不協和として有名なのが**「ロミオとジュリエット効果」**（２４４ページ参照）で、周囲に反対されることと恋愛することの矛盾を回避しようとして、反対を受けるほどに恋愛の火は燃え上がります。

恋愛以外でわかりやすい認知不協和には、酒が大好きな人が「こんなに酒を飲むと体に悪いな」と思っていながら「酒は百薬の長！」「得意先とうまくいくのは、お酒の付き合いがあるから」といって飲酒をすることがあります。他にもタバコを吸う人が、体に悪いと思っていても「タバコを吸わないストレスの方が体に毒だ」「タバコを吸いながら長生きしている人はたくさんいる」などといい聞かせて、喫煙行動を続けることなどがわかりやすいでしょう。

認知不協和　恋愛の場合

好きじゃないのに助けた
自分の気持ちに矛盾する
認知不協和！
一緒に探してあげよう
書類がみつからないわ
ファイル
好きだから助けた
自分の気持ちに矛盾しない
自分の気持ちとは異なる行動をとると、人は不愉快な気持ちになる。それを回避するために、気持ちと行動の合理化を図ろうとする心の現れ
「認知不協和」は、実に都合のいい心理なんだニャ！

認知不協和　アメリカの心理学者レオン・フェスティンガーによって提唱。認知不協和の有名な例としては、イソップ物語の「すっぱいぶどう」（243ページ）の逸話が知られている。また、プライドの高い ↗

あんなに嫌いだったのに、なぜ、好きになる？

大嫌いだった人が、いつのまにか大好きになる男女の不思議な心理とは？

「嫌い」から「好き」になるほうがよい？

「職場で初めて会ったときは、嫌いなタイプで、こんな人と絶対に付き合うもんか！と思いました…」。こう話す女性のご主人は、その大嫌いだった同僚、ということもよくあります。98ページで「**第一印象が悪ければ、その後の印象形成にまで影響する**」という話をしましたが、最初はかなり悪い印象でも、その印象とはギャップのありすぎるよい印象を示すと「**大嫌いが大好き**」**に変わることもあるのです。**

例えば、冷淡そうで、動物などかわいがりそうにみえない人が、捨て猫を保護した姿を目撃した場合、ふつうに「優しそうな人だな」と思ったときよりも、大幅に好感度がアップします。

「嫌よ嫌よも好きのうち！」なのだニャン！

「獲得感」と「損失感」という心理

「ああみえて意外と優しいのね」というイメージの大転換が、いつの間にか「大好き」に変わるのです。これは相手が変わったのではなく、こちらの捉え方が変化したために生じる心理です。

またこれは、最初の印象が素敵な人でも、あとからそうでもなかったことがわかった場合の損失感と、**最初に悪い印象を抱いたけれど、あとからよいところをみつけた獲得感**という心理でも説明できます（160ページ参照）。

果を理解し、伝え方を変えれば、相手の評価を上げることができる。

「嫌い」が「好き」に変わる

「ふつうに好き」か、あるいは「好きでも嫌いでもない」

気持ちの
振り幅が
狭い
ふつうに
好き
さらに
好き

ふだんから「ふつうにいい人ね」と思っていたり、とくに気にならなかった相手を好きになったとしても、激しい恋心とまではいかない

「大嫌い！」だった人を好きになると…

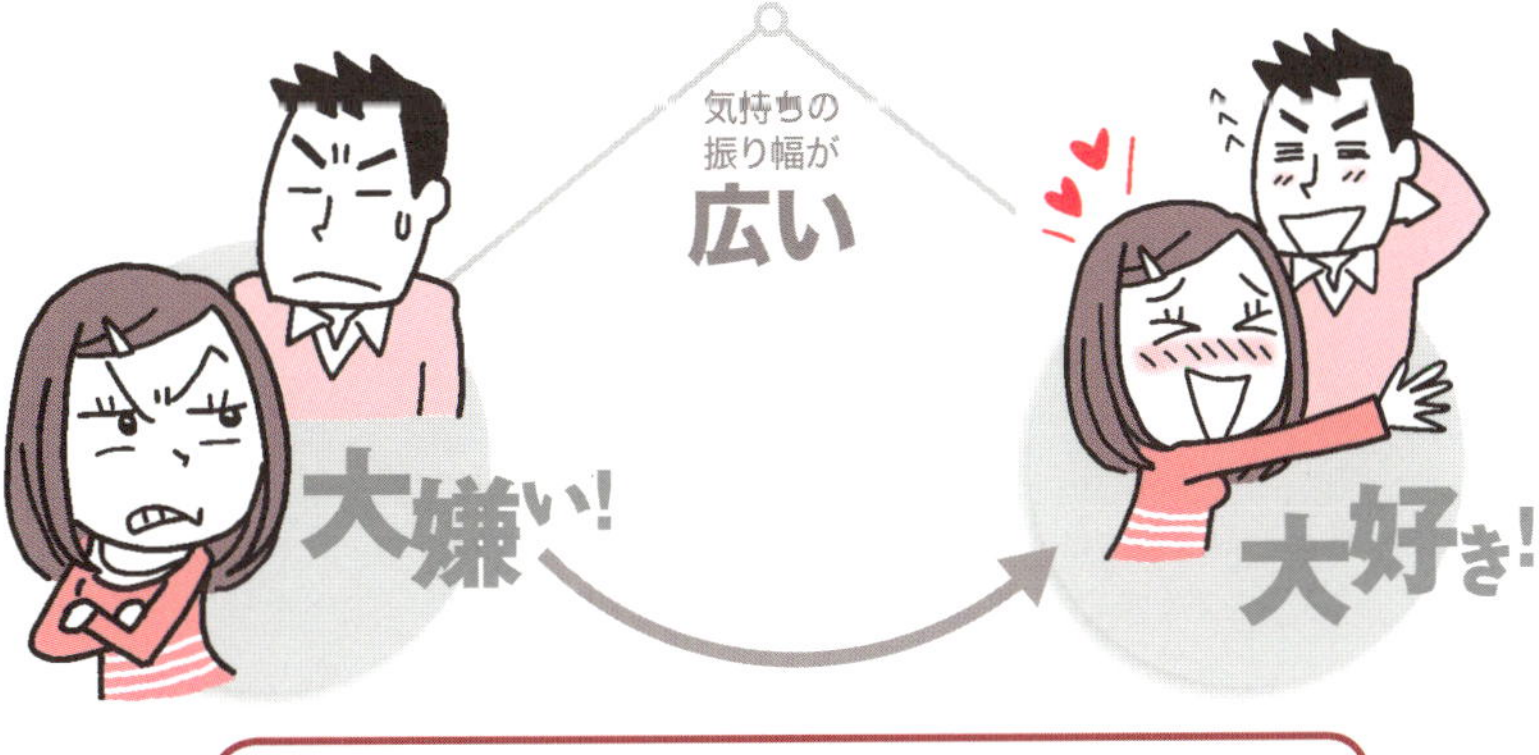
気持ちの
振り幅が
広い
大嫌い！
大好き！

大嫌いだった人に、意外ないいところをみつけたりすると、気持ちの変化が大きくなり「大嫌い」から「大好き」に変わりやすい

ゲインロス効果　最初の印象を下げて、後の印象を上げると、評価がより上がるゲイン効果と、最初はよい評価をしていたのに、だんだん悪い評価に転じ、嫌悪感を抱くロス効果のことをいう。この効↗

ドジを踏むと、恋が芽生えやすくなる？

容姿端麗な人が失敗すると、さらに魅力的にみえるってホントなの？

素敵な人よりドジな人がいい？

自分よりはるかに容《よう》姿《し》端麗《たんれい》で社会的にもステータスの高い人は「素敵だな」と思いますが、いざ目の前にすると気後れしてうまく話せない、ということがあります。よほど自分に自信がない限り「デートしようなんて、とんでもない！」と思うのでは？　そこまで完璧な人よりも、**どこか抜けていたりドジを踏む人のほうが親しみやすく、付き合いやすい**ものです。

その人らしくない失敗が魅力に

アメリカの心理学者、アロンソンらはこうした心理について実験で調べました。方法は、クイズ選手権の回答者の録音テープを被験者に聞かせるというもので、回答者は、華麗な経歴を持つ男性と、ふつうの男性です。クイズの正解率は、華麗な経歴を持つ男性が92％、ふつうの男性が30％。この時点でそれぞれに対する好感度を調べたところ、大きく変わりはありませんでした。そして、録音の最後に、「コーヒーこぼしちゃった」という声を聞かせ、被験者に回答者の印象を聞きました。

すると、普通の人たちの高感度は下がりましたが、華麗な経歴を持つ人たちの好感度はアップしたのです。**「こんなに素敵な人でもドジを踏む」という意外性が親しみを生み、前にも増して魅力的に映る**、ということがわかりますね。

セルフ・ハンディキャッピング　試験や試合などの前に、「コンディションが悪くて…」といっておくことで、点数が悪くても評価が下がりにくいこと。

「ドジは好印象」という実験

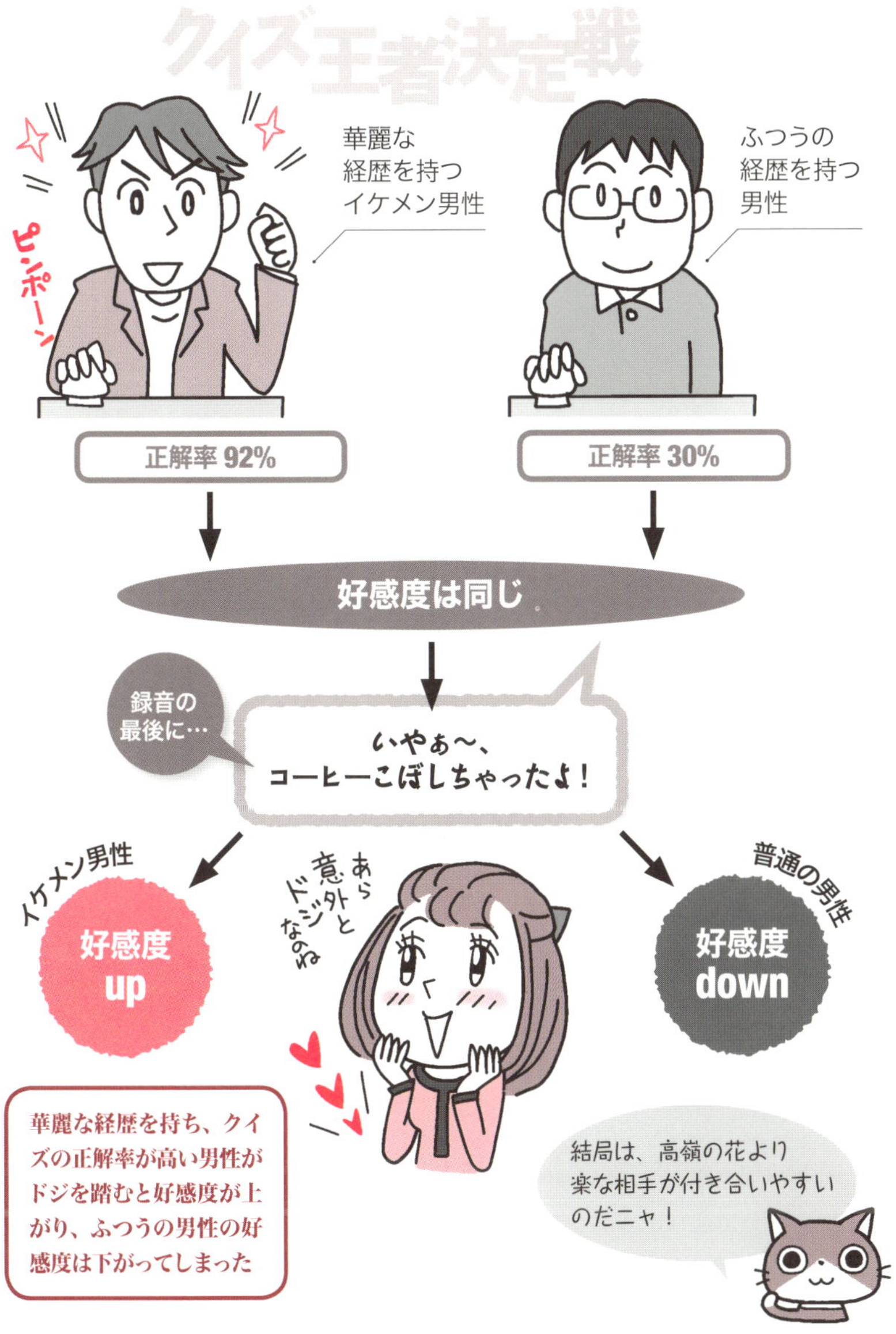
クイズ王者決定戦
ピンポーン
華麗な
経歴を持つ
イケメン男性
ふつうの
経歴を持つ
男性
正解率 92%
正解率 30%
好感度は同じ
録音の
最後に…
いやぁ～、
コーヒーこぼしちゃったよ！
イケメン男性
好感度
up
あら
意外と
ドジ
なのね
普通の男性
好感度
down
華麗な経歴を持ち、クイズの正解率が高い男性がドジを踏むと好感度が上がり、ふつうの男性の好感度は下がってしまった
結局は、高嶺の花より
楽な相手が付き合いやすい
のだニャ！

アロンソン　アメリカの心理学者。「ほめられることは、新しくなじみの薄い他人から行われることにより、より効果を発揮する」という「不貞の法則」を提唱したことで知られる。

「好き！」といってくれる人が好き！

人は好意的に接してくる人を好きになる

人は自分に対して好意を抱いてくれる人に好意を抱きやすいといえます。これを心理学で「**好意の返報性**」と呼びます。例えば、職場の同僚や上司でも、好意的に接してもらうと悪い気はしませんし、信頼関係も結びやすくなります。

恋愛においても、日頃そんなに気にならない相手が好意的に接してきたり、友達から「○○さんがあなたのこと気になるといっていたよ」などといわれると、相手のことが気になるようになり好きになる、ということもあります。

「好意の返報性」によって恋愛関係になることは多いですが、気をつけなければいけないのが「**思わせぶり**」です。わざと好意的な態度をとって思わせぶりをする人の目的は、相手の心を弄んだり、利用しよう、という動機であることがほとんどです。

「嫌い！」のサインも伝わりやすい

ところで「好意の返報性」とは逆に、「相手のことが嫌いだ」という気持ちが相手に伝わると、それと同じくらい相手も嫌悪の気持を抱きます。

これを「**嫌悪の返報性**」といい、冷たい視線を送ったり、あえて避ける、といった態度から嫌悪感が伝わると、相手も嫌悪感を抱くようになり、エスカレートすると、関係がなかなか修復できません。

自分に対する好意は、相手への好意につながるものなのです

返報性の原理　他人から何かをしてもらうとお返しをしなければいけないという心理。小さな貸しで大きな見返りを得る、商売でよく使われる手法。

好きになってくれた人を好きになる「好意の返報性」

す、好かれてる？
私のこと…
好意の返報性
す、好きだ～！
好きになる
なんかちょっと
気になって
きちゃった…
ドキドキ

なんとも思っていなかった相手が自分に好意を寄せていることがわかると、相手のことが気になってみたり、会って話をしたりするうちに、いつの間にか相手を好きになっている…。これは「好意の返報性」が働いたため。

好きな人に「好き」という気持ちを伝えることは、大事なのね

相手を嫌うと相手からも嫌われる

大っ嫌い！
嫌悪の返報性
こっちこそ！

相手を無視したり、冷たい視線を送るなどして「嫌い」というサインを送ると、相手も同じぐらい嫌いになる。コミュニケーションも取りにくくなるので、溝はなかなか埋まらない

間接話法　好意を持つ相手に「好き」という気持ちが伝えられないとき、友人などを介して伝えること。

危険すぎる！メールやサイトの出会い

メールやサイトでは自分をさらけ出さない

現代社会は「メール」の他に「LINE」（ライン）や「Facebook」（フェイスブック）など、不特定多数の人と同時にコミュニケーションがとれる「SNS」（ソーシャルネットワーキングサービス）によるコミュニケーション手段が主流になりつつあり「便利」「友達が増える」など、様々なメリットがあります。

しかし、男女の出会いのきっかけとしては好ましくありません。そもそも顔をみたことも声を聞いたこともない男女が、パソコンや携帯の文面だけをみて恋愛に走るのは、おかしな話です。しかし、これを本当の恋愛相手だと考える

対面でのコミュニケーション

会話が続かない…
心理的なストレスがかかる
ズー
ズズ

直接会って話すのは、「こんな話をしても嫌われるかも…」「話題が続かない」など、大なり小なり心理的なストレスがかかる

メールやサイトによる出会いは安易な恋愛に走りやすいものです

ソーシャルネットワーキングサービス　手軽に不特定多数の人とコミュニケーションがはかれる便利さの一方「いじめ」などのトラブルも多い。

人も少なくないのです。

メールでは「自己開示」ではなく「自己呈示」

そもそもメールなどで簡単に恋愛ができてしまう理由は、直接会ったり、電話で話すよりも心理的に楽で、簡単に**自己開示**（136ページ参照）できてしまうからです。

しかしその自己開示は、自分の都合のいいことだけを伝える「**自己呈示**」であることが多く、本当の自分を露呈しているわけではありません。受け取った者同士で勝手に想像を膨らませ、「いざ会ってみたら想像と全く違う」ということも珍しくありません。

また、見知らぬ相手との出会いから犯罪につながることもありますから、メールやサイトを介した出会いは十分に気をつけることです。

「出会い系サイト」は犯罪の温床になっているので、十分に気をつけた方がよいニャ

メールやサイトによるコミュニケーション

カジュアル系かな？趣味はテニスだよ
へー…
PC
実際に会うと…
話と違う…
やあ
げんなり～
都合のいいことだけ自己呈示
想像と違う相手

メールやサイトの世界では簡単にその場しのぎの自己呈示をしやすいので、すぐに仲よくなれ、仮想の世界での恋愛を楽しめる。実際に会って現実を知ると、あっという間に崩れてしまう

注目！ メールやサイトで出会った相手の話は、ただの自己呈示

「LINE」の問題点　コミュニケーション手段として便利な反面、一日のうちにかなりの時間をLINEに費やし、若者の多くがLINE疲れに陥っているといわれている。

自分が心を開けば相手も心を開く

人と人の信頼関係が増す「自己開示」

そう親しくもなかった友人や同僚に、ふとしたことから自分の弱みや悩みといったプライベートな話をしたら、相手も同じようなことを話してくれ、急に仲よくなった、という経験はありませんか？

他人に自分の情報を話すことを「**自己開示**」といい、自己開示に対して相手も自己開示してくることを「**自己開示の返報性の法則**」といいます。また、相手に自分のことをよく知ってもらい、相手から気になることなどを指摘してもらうことで、さらに深く、自己を知ることもできます。

こんなことも！　あまり自己開示しすぎても…

自己開示すると相手も心を開きやすく、恋愛に発展することもよくあります

おかしな趣味や癖の話も自己開示しないことだニャ！

初対面の相手に自己開示しすぎると、「なんでそんなことまで話すの？」と不信感を招く。自己開示は、ある程度親しくなってから

ジョハリの窓　コミュニケーションにおける自己開示とコミュニケーションの円滑な進め方を考えるために提案されたモデル。

「自己開示」は恋愛にも密接に関係する

自己開示するときは「それを聞いた相手がどう思うか」で躊躇《ちゅうちょ》してしまうこともあります。でも、自己開示に関する心理学実験では、**個人的情報を自己開示すればするほど、他者からの好感度がアップする**ことがわかっています。

また、自分の自己開示がプライベートな深い話であるほど、相手も同じように深い話をする傾向があることもわかりました。

恋愛における自己開示においても、ふつう、好きな人には本当の自分を知ってもらいたいという気持ちが起こります。そして**お互いを自己開示することで、より深く結ばれます。**「悩みを相談したことから結ばれた」という話もよくありますが、これも自己開示が導いた恋愛です。

自己開示するほど愛は深まる

仕事、忙しいですか？
まあまあですね
あたりさわりのない自己開示
そんな悩みは誰でもあるよ
あまり気にしないようにするね
プライベートな部分まで踏み込んだ自己開示
低い
恋愛感情レベル
高い

あたりさわりのない自己開示は、表面的な浅い付き合いにしかならないが、深い部分の自己開示は、いつしか恋愛感情が高まる

自己開示　自分自身の情報をありのままに伝えることを指している。しかし実際には、自分が自分自身のことを正確に認識していないこともあり、人によっては正しく伝えられないこともある。

自然なボディタッチは、相手の心をほぐす

握手に秘められた心理的効果

人はボディタッチに敏感で、例えば会話の最後に握手をするだけで、**急に相手に対して親しみがわくことがあります**。ここで握手に関するおもしろい実験を紹介しましょう。

被験者の女性に、男性（サクラ）との間で①お互いに目隠しした状態で話をする、②目隠しも会話もしないで対面する、③会話はせず、目隠しして握手をする、の三つのことを体験してもらいます。その後、被験者の女性に男性に対する感想を聞くと、①②は「距離を感じる」「冷たい感じがする」でしたが、③については、相手の様子もわからないのに「温かい雰囲気の人」という好印象な回答が得られたのです。

違和感のないボディタッチとは？

握手の実験で、**人は人に触れられることにより相手に親しみを抱く**ことがわかります。

では恋愛でのボディタッチは、どうでしょう？ 親密なカップルなら、いつでも触れていたいでしょうが、**初対面やまだ付き合いの浅いうちに相手の肩や手に触れるのは、かえって不快感を与えます**。とくに女性は、男性から軽がるしく触れられることを嫌がります。ある心理学の調査では、**男性は女性と親しくなりたいときに**

男女の間のボディタッチは、自然なスタイルが一番いいようです

ボディタッチは、さじ加減が大切ニャのね！

握手でわかる相手の気持ち　強く握り返すのは好意がある、手に汗をかいていれば、緊張しやすく人見知りしやすい。

握手でわかる心理的効果

こんにちは！
お疲れ様です！
距離を感じる
親しみを感じる
ちょっと距離感あるわ…
目隠しして会話する
冷たい感じ…
なんか嫌な雰囲気…
距離を感じる
冷たい感じがする
親しみを感じる
目隠しも会話もしないで対面する
親しみを感じるなぁ〜
手が温かい人は心も温かいのよね…
親しみを感じる
距離を感じる
会話はせず目隠しして握手する

積極的にボディタッチする傾向があり、女性は親しくなってからボディタッチに積極的になる、という結果が出ています。恋愛では、付き合ううちに、いつしか相手に「触れてみたい」という気持ちになるはずです。そのときに自然な形でボディタッチできれば、それがいいでしょう。

職場でのボディタッチ　コミュニケーションの手段と考える人もいますが、職場でのボディタッチはセクハラと間違われやすいので、安易にしないこと。

「小さなお願い」から好きになる

「フット・イン・ザ・ドア」の心理とは？

人間には、**一度要求を聞くと、次の頼みが断りにくくなる心理があります。**例えば、いつも忙しそうで、満足に話もできない相手に「2分だけでもいいから話を聞いて」というと、気軽に応じてくれる可能性が高くなります。話をしたあと「まだ話があるので、明日のお昼休み、ちょっといい？」というと、仮に翌日はダメでも「では来週なら…」という流れになりがちです。

このように、小さな要求から少しずつ大きな要求に上げることを心理学では「**フット・イン・ザ・ドア**」といいます。これは、一度ドアを開けて入れれば、商品を売ることのできるセールスマンのテクニックに由来した言葉です。

きっかけは「小さなお願い」から

恋愛の場合、「もう少し相手と話してみたい」と思っても、なかなか実現しないとき、**小さなお願いからきっかけをつくってみるといいかもしれません。**例えば相手が趣味で写真を撮るなら「私も写真を上手に撮りたいのですが、コツは？」など、入りやすい話題から持ちかけてみます。得意分野の話題なら相手も応じやすく、次は「一緒にカメラ選びに行こう」と、次の段階に進みやすくなります。そうしているうちに、少しずつお互いのことがわかるようになり、いつしか恋愛に発展することもあります。

小さなお願いを入り口に、もっとお互いを知ることができます

ドア・イン・ザ・フェイス　フット・イン・ザ・ドアとは逆の手法で、最初に大きな頼み事をして、少しずつ要求を小さくして受け入れてもらう方法。

「小さなお願い」から「大きなお願い」にステップアップ

2分だけ
話できる?
いいわよ
明日の昼休み
少し話せる?
明後日の
昼休みなら
今度、食事でも
しながらゆっくり
話そうか
そうね
ぼくたち、
付き合いますか?
小さな
お願い
大きな
お願い

フット・イン・ザ・ドアとは?

小さなお願い

↓

お願いをされた人は「このくらいの頼みも聞き入れない人だと思われたくない」という心理が働く

↓

最終的に大きなお願いも聞き入れてしまう

受け入れられそうな小さなお願いから少しずつステップアップしていくと、本当にお願いしたいことも受け入れてもらえやすくなる。「いいな」と思う人をいきなりデートに誘うより、時間はかかるが効果的かもしれない。

アプローチは
「小さなお願い」から
してみると
いいのだニャン!

ローボールのテクニック　フット・イン・ザ・ドアは別名「ローボールのテクニック」ともいう。

男女の親密度がグッと深まる座り位置とは？

男女がいい感じで話せる「座り位置」があることを知っていますか？

テーブルの角に座るのがベスト

思いの通じた人ともっと話をして、お互いを知りたい…。初めてのデートは、リラックスして会話できることが大切になりますね。

デートではお茶を飲んだり食事することも多いでしょうが、そのとき、あなたならどんな位置に座りますか？

多くの場合、対面座りを選ぶでしょうが、それよりも実は、左ページのように**コーナーテーブルに90度の位置で座るのが、親密度が増すにはちょうどいい状況です。**90度の位置は「**カウンセリングポジション**」ともいわれ、相談事をするにも向いている位置関係です。

また、ランチなどで食事をしても、食べている口元を直視することもないので、食事もしやすいといえます。

状況に合わせた座り方

ちなみに、対面座り（左ページのA）は、仕事の打ち合わせや商談などならふさわしいですが、付き合って間もないカップルの場合、視線がまともにぶつかり、ちょっと緊張するかもしれません。

BやDのポジションは、お互いに別々の仕事をするときに向いています。Cは、すでに親密な関係で、相

次のデートでは、
ちょっと座る位置を
考えて座ってみよう！

男女の場合も、いい雰囲気で食事を共にすると好意的な感情が生まれるといえる。

手を感じていたいと思うカップルなら、自然とこのポジションを選ぶかもしれません。

　ただし、まだお互いのことをよく知らない場合、Cの座り方では表情がみえず、相手の気持ちを察しにくいといえます。

男女がリラックスして会話できる座り位置

テーブルの角に座ると、相手の表情もよくわかり、なおかつ体の距離もちょうどよい。初めてのデートには特におすすめ

シーンによって座る位置を選ぼう

正面に向かい合う

視線がまともにぶつかるので、緊張しやすい。仕事の打ち合わせなど緊張するシーンでよく選択される

対角線に座る

男女に関係なく、親しい間柄ではあまり選択されない。お互いに別の作業や仕事をするならおすすめ

並んで座る

親密なカップルがよく座る位置。付き合って間もないカップルには体の距離が近すぎる

遠く離れる

Bと同様、お互いに別の作業や仕事をするときにおすすめの位置。プライベートな話をするには遠すぎる

ランチョン・テクニック　ビジネスの世界では、食事をしながら会議や打ち合わせを進めることがある。これは「おいしい食事をして楽しい時間を過ごすと、話の内容が前向きになる」という効果があるため。↗

不安や恐怖は、男女をグッと近づける

暗闇などで不安な気持ちになると、恋をしやすいってホント？

暗闇では恋に落ちやすくなる

暗闇の中では、一人でいるより誰かと一緒にいるほうが安心します。肝試しやナイトウォークなどでも、一人では怖いけれど、友達や恋人同士なら行けた、という経験もあるはずです。

人間は、暗闇などの不安や恐怖の中では、同じ境遇の人に一緒にいてもらいたい心理が働きます。これを「**親和欲求**」といいます。

とくに男女がともにいた場合、親和欲求の高まりと、恐怖による「ドキドキ」を「相手が好きだから

猫が夜になると集会するのも親和欲求の現れなニャのか？

暗闇では恋が生まれやすい

恐怖や不安
親和欲求
誰かとくっつきたい
恋心
ざわ…
大丈夫
停電!!
ざわ…
ざわ
ざわ
ざわ

暗闇では親和欲求が高まる他、ある心理学の実験では、真っ暗な状況では、性的興奮も高まることも証明されている。カップルがデートに、夜の公園や海辺などを好むのも理解できる

シャクター　アメリカの心理学者。1961年からコロンビア大学で社会心理学の教授を務める。「情動の二要因説」（左ページ）を提唱したことで知られる。

ドキドキしている」と錯覚（96ページ参照、**錯誤帰属**）する相乗効果で、恋に落ちやすくなります。

心理学実験でも証明された「親和欲求」の高揚

怖い体験により親和欲求が増すことは、**心理学者シャクターの実験で証明されています。**被験者の女子大生に「電気ショックの効果を調べる実験」と説明し、Aグループには「痛くはありません」と説明し、Bグループには「傷はできないけれど痛いです」と説明。その後、実験まで個室か、他の学生もいる大部屋で待っているように勧めました。

するとAグループの学生は3分の1が大部屋、残りの3分の2が個室、Bグループは3分の2が大部屋で、残り約3分の1が個室に行く、という正反対の結果がでました。96ページでも述べましたが、お化け屋敷でカップルが生まれやすいことは、ここでもわかりますね。

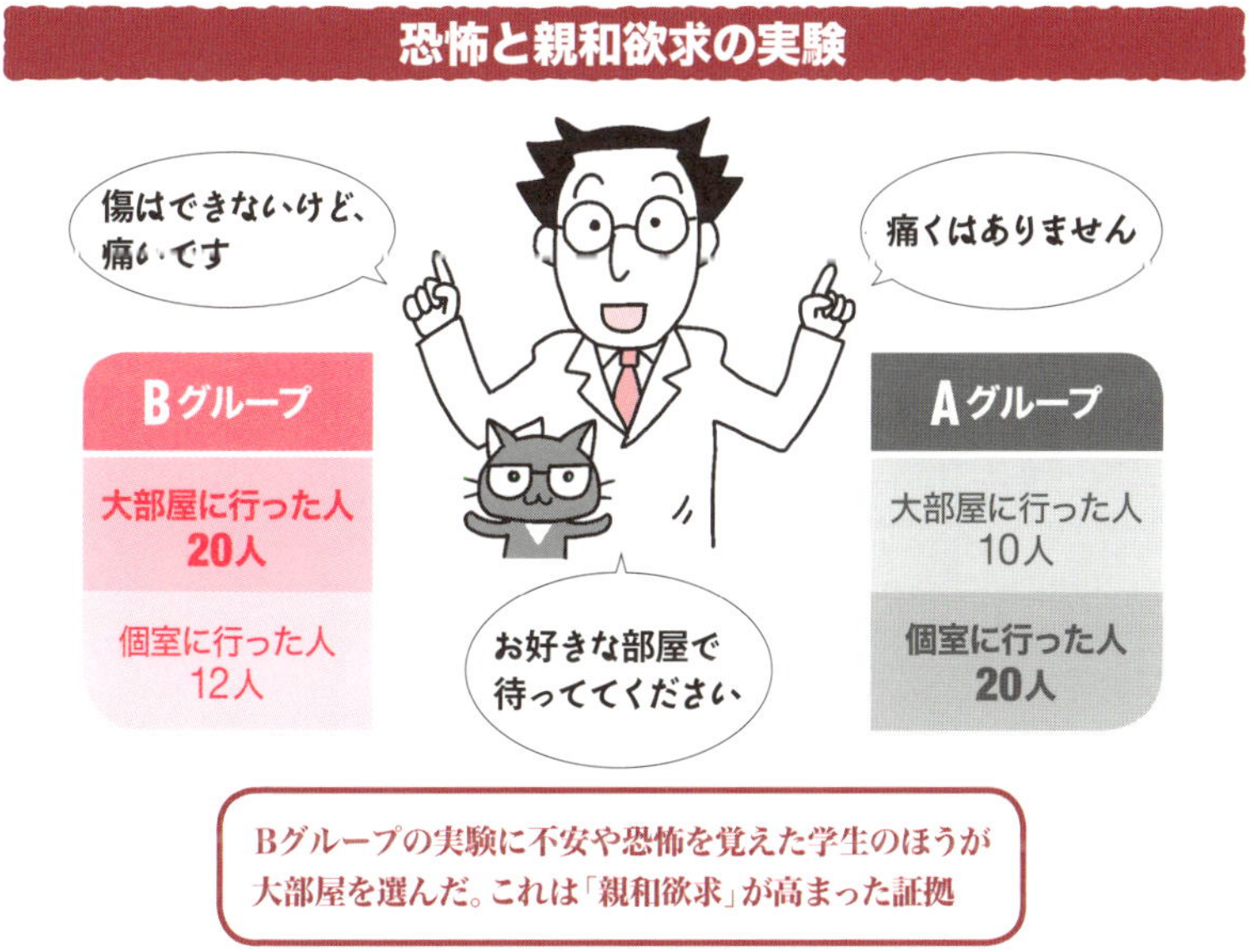
恐怖と親和欲求の実験
痛くはありません
傷はできないけど、痛いです
Aグループ
大部屋に行った人 10人
個室に行った人 20人
Bグループ
大部屋に行った人 20人
個室に行った人 12人
お好きな部屋で待っててください
Bグループの実験に不安や恐怖を覚えた学生のほうが大部屋を選んだ。これは「親和欲求」が高まった証拠

情動の二要因説　喜びや怒り、悲しみなどの人間の情動は、恋愛のドキドキなのか恐怖や緊張によるドキドキなのかをどう認知するかによって、捉え方が異なる、という説。

仕事を楽しむ男性が職場でモテる！

楽しんで仕事をすることは女性にモテるだけでなく、職場の雰囲気もよくするニャン！

職場でモテるのは「仕事を楽しむ男性」

113ページで社内恋愛について述べましたが、職場で女性から好感を得る男性とは、どんな男性でしょうか？

大手コンサルティング会社が、20～40代の女性会社員に「恋人にしたい男性のタイプは？」というリサーチを実施。その結果は、「**仕事を楽しむタイプ**」が36%で、「プライベートを重視タイプ」「協調タイプ」（共に12・3%）を引き離してトップについたそうです。

その主な理由は「考え方や価値観が自分と似ている」「信頼できそう」「相手から刺激を受けそう」など。一方、恋人にしたくない男性は「**出世志向タイプ**」「**報酬志向タイプ**」など。こうした**男性は職場でも常に命令的で一緒にいても楽しくなく、いつも緊張していなければならない**ため、嫌がる女性が多いようです。

目の前の「幸せ」を無視してしまう

男性は、出世したり、今より高い収入を得ることを「よし」として努力する傾向がありますが、このリサーチ結果からは、出世などは現代の女性にとってはあまり意味のないこと、ということが如実にわかります。

「出世して、収入を上げないと幸せになれない」。

出世を目指す男性より「仕事を楽しむ」男性のほうがモテる？！

会学」（三浦展、菊入みゆき共著／講談社プラスアルファ新書）

そう考える男性は、いつも「今の自分はまだ幸せではない」と思い込んでいるため、例えば「仕事ができる喜び」「仲間といい仕事をしている！」といった目の前の幸福を「それは幸せではない」と無視してしまうのです。その結果、**いつまでも現状に満足せず、目の前の幸せ体験にも気がつかず、いつまでも幸せを追い続けてしまうの**でしょう。

そうした男性の勘違いを、クールに見抜いているのが、現代の女性たちかもしれません。

恋人にしたい男性

素敵だわ〜
仕事を楽しんでいる男性
幸福度が高い！

今、目の前の仕事に喜びを感じ、現状に満足しているので、一緒にいると楽しそうだと思う女性は多い

恋人にしたくない男性

出世！
出世！
出世欲が高く命令系の男性
出世すれば幸せになれる
いつまでも幸福度は上がらない

今の自分には満足できず、出世すればいいことがある（幸せになれる）と思い込んでいる。結局は自分のことばかり考えているので、周囲に対しても命令系になるなど、好まれない

モテる男性の仕事への効果　モテる男性は部下や同僚をほめることも得意で、その結果、職場全体の雰囲気をよくする、仕事の士気を上げるなど、プラス面が大きいともいえる。参考：「職場でモテる社 ↗

ナットク!
恋愛心理学コラム

孤独な人は、恋愛できないことが多い

「親和欲求」とは「誰かと接していたい」「仲よくしたい」という心理です。不安や恐怖のもとでは親和欲求が高まることは、144ページで述べた通りです。親和欲求があると、友達と仲よくなりたい、恋人が欲しい、という気持ちが生じます。しかし、孤独感の強い人は、あまり友達や恋人をつくりたいとは思わないようです。心理学者、ジョーンズが行った調査によると、孤独感の強い人の特徴は、自尊心・自己評価が低く、いつも「どうせ自分なんて」と思っている、他人に対して好意的でなく、信頼しにくい、といった特徴があります。

そうして孤独感の強い人は「自分は他人から相手にされていない」「受け入れてもらえない」と思い込み、あえて周囲を寄せ付けない壁をつくり、ますます孤独になっていきます。

当然、「誰かの役に立ちたい」「貢献したい」といった気持ちもないので、幸福度も上がりません。**孤独な人が孤独から脱却するためには、強み(20ページ参照)を持ち、自分に自信をつけること。**思いあたる人はここから始めてみましょう。

PART 4

長続きする恋愛と結婚のコツを教えます！

Part 4

ケンカは仕方が大事

Iさん31歳
新婚1年目
なのに
ケンカが
たえません
食器洗いさぼってばかり
飲み会で遅くなるなら連絡してよっ
黙ってないで何かいってよっ
またケンカしちゃった
相性が悪いのかな
別れた方が
いいのかしら
ふ〜
ちょっと待った
ケンカは悪いことじゃないんだよ
匠先生登場!
大事なのはケンカの仕方なんだ
ケンカの仕方!?
それさえ
間違えなければ
長続きカップルに
なれるんだよ
昨日のケンカを振り返ってみよう
回想シーンですよ
あなたって
ほんとに
だらしないん
だから
また
くつ下
脱ぎっぱなし
この間だって
それから
うるさいっ
ポイントは
最初のひと言

ケンカの最初のひと言を間違うと深刻なケンカになってしまうんだ
この本の178ページを読んでごらん
174ページ 177ページもね！
あっ これはうちのパターンだわ
夫が黙り込むのは…そういうことか
男と女の違いを知ってお互いに上手に提案すれば激しいケンカにはならずにすむんだ
○○してくれる？
ああいいよ
それからケンカは謝り方も大事だよ
182ページみてごらん
そっか意地張って長引くとよくないのね
あっ
ケンカしたまま家を出てきちゃった
早く仲直りしよっと
長続きカップルめざしてがんばれ〜！

互いの弱みを補い合って最強のカップルに！

結婚して
満足度が高いのは
どんなカップル
なのでしょう

夫婦の性格と結婚の満足度の関係

理想の結婚というと、みなさんはどんなカップルを想像しますか？

多くの人が答えるのは「趣味や関心、性格などが似ている男女」というもの。たしかに趣味や価値観が一致していれば、自分と似たものに好感を持つ**類似性の法則**でたちまち意気投合しても不思議ではありません。

では、性格の共通点が多ければ多いほど、結婚生活は長続きするのでしょうか。実は、米カリフォルニア大学のロバート・レベンソン教授らの研究によると、**結婚12年を超えると、性格の共通点が満足度を下げる**ことがわかったのです。

最初のうちは性格も趣味も価値観も一緒であることが愛の推進力になっていくのですが、ひとたび二人で何かの問題を解決しなくてはならないことが起こると、似た者同士であるがゆえに**近親憎悪**を引き起こしたりして、問題解決には適さないことも多いのです。

互いにないものを補い合う関係が理想的

心理学的に考える理想的な結婚とは、妻と夫が相互補完の関係であること。それぞれが、相手の不足を補い合う関係です。さらに相手の強みと自分の強み（20ページ参照）を生かせれば、1＋1＝2ではなく、様々な困難を乗り越える可能性が10倍にも20倍にも広がります。

近親憎悪　血縁的距離が近い関係にある者同士や性格の似通った者同士が憎み合うこと。

相手の強みと自分の強みを生かせれば最高のカップルに

楽観主義
で
おおらか
几帳面
で
しっかりもの
ザパーン
大波よ！
オッケー
不足分は補い合いながら
人生の荒波を乗り越えて
行けるといいニャ

類似性の法則　人は自分と同質のものは否定することができない。自分と似たものに好感を持つという法則。類似性や共通性を多くみつけた相手には、心のガードが緩んで、心理的な距離が縮まる。

「デートも割り勘」が今どきの平和的恋愛

デートの支払い。割り勘派が増えてきた

デートのときの支払い、みなさんはどうしていますか？

1985～1991年頃の好景気（バブル期）では「男性がおごるのがあたり前」といった風潮がありましたが、今は、「食事代は男性が払うけれども、お茶代は女性が持つ」といった折衷案派や、「何もかもすっぱり折半している」という割り勘派も増えてきました。

「割り勘OK」が増えてきた背景には、経済的な問題も大きいかもしれませんが、互いに自立して、**対等のパートナーでありたいと考える男女が増えてきた**からなのかもしれません。

昔のデートでは……

昔
高級
レストラン
にて
なんでも好きなものを
頼んでいいよ
10000
10000
げっ
じゃあ、
シャンパン！
デートの支払いを
どうするのかは
永遠の課題。
みなさんの場合は？

5段階の階層に分けた。人は低階層の欲求が満たされると、より高次の階層の欲求を欲するとし、人の欲求を5段階の階層で示し理論化した。

男心をつかむ、割り勘の仕方

とはいっても、本来男性は、女性の前では常に「**かっこよく、見栄を張っていたい**」生き物です。一般に男性は女性に比べて「人から認められたい」という**承認欲求**が強いのです。

ですから、いくら割り勘といっても、レジの前であからさまにお財布を出して「はい。お互い2千円ずつね」などと女性にいわれると、傷つく男性も少なくありません。

できれば、レジに行く前に「いくらだった？」と聞いて、こっそり男性にお金を渡し、支払いの場では一歩引いて、**男性の面子を立ててあげる**といった配慮が、愛情なのかもしれません。男性は女性へ「ありがとう」のひと言を忘れずに。

おごられ派も割り勘派も
人それぞれだけど、
スマートに
できるといいニャ

今のデートは……
今
居酒屋にて
割り勘にして、
お互い好きなものを
食べようよ！
5000
結婚後は…
割り勘カップルは、結婚後
の家事や育児も平等かも

承認欲求　人から認められたいという本能的な欲求のこと。心理学者マズローは、人の欲求を下から①生理欲求、②安全欲求（身の安全を確保したい欲求）、③愛情欲求、④承認欲求、⑤自己実現欲求の ↗

心が通じる相手とは、しぐさが似てくる謎

好きな人の動作は無意識に真似てしまう

仲のよいカップルをみていると、言葉遣いやしぐさなどが驚くほど似ているということはありませんか？

これは、**心理学では「シンクロニー現象（同調傾向）」**と呼ばれるもの。**「姿勢反響」、「ミラーリング効果」**ともいいます。

相手に好意を持っていると、無意識のうちに相手のしぐさや話し方など真似してしまうという潜在心理から起こるものです。

「似たもの夫婦」は、もともと価値感が似ているカップルが結婚したのでしょうが、一緒に暮らしているうちに、しぐさから表情、雰囲気までますます似てきてしまうというわけです。息が合う、気が合うというのはまさにこのシンクロニー現象からきているのでしょう。

嫌いな人とは絶対に起こらない不思議

そしてこのシンクロニー現象の面白いのは、**嫌いな人とはどんなに長い時間一緒にいても、こうした動作の一致は絶対に起こらない**というところです。

無意識のうちに相手を真似るという行為は、自分の行為を相手に認識させる表現ともいえるのです。ですから、もし、**彼もしくは彼女があなたと同じしぐさをしていたら、あなたに好意を持っている**と考えてよいでしょう。

「似たもの夫婦」は、なぜ生まれてくるのでしょうか？

資料をめくるなど、行動リズムの一致を意識的につくることが、相手の好感を引き出すことになる。

無意識のうちに好きな人の行動を真似している

しぐさ
ミラーリング効果
表情
オッ
エッ？
好きな人と
一緒にいるうちに
動作が同調して
似たもの夫婦に
なるんだニャ
姿勢反響
言葉づかい

それから30年後、
雰囲気そっくりの夫婦に……
イエーイ

恋愛豆知識

ミラーリング効果を恋愛テクに応用

お菓子に手を出したとき、相手も同じように手を出すと気が合ったように思えますよね。人は無意識のうち、自分のしぐさを真似る人は味方であると認識してしまう感覚が備わっています。

そこで、このミラーリング効果を恋愛テクに応用を。相手が飲み物を飲んだら自分も飲むというように、同じ動作をしてみましょう。わざとらしくならないように注意して。あくまでもさりげなく真似るのがポイントです。

ミラーリング効果はビジネスにも応用できる 優秀なセールスマンほど、お客さんのペースに合わせて行動する。相手がコーヒーを頼んだら、自分もコーヒーを頼む、相手が資料をめくったら、自分も ↗

「この人しかみえなくなる」のはなぜ？

「恋する脳」を
科学すると
どんなものが
みえてくるので
しょうか

ドーパミンが、恋の炎を燃え上がらせる

寝ても覚めても、相手のことばかり考えていたり、一晩中恋人とLINEでやりとりしても全く苦にならないどころか翌日もますます元気……なんて経験をしたことはありませんか？

18ページでも、恋をすると通常では考えられないことができてしまう、ということについて述べましたが、ここでもさらに詳しく脳科学をはじめとするさまざまな実験でわかった「恋する脳」のメカニズムについて解説しましょう。

激しく恋をしているときに、盛んに放出されるのが「ドーパミン」と呼ばれる脳内神経物質。このドーパミンをつくっているのが、**快感を伝達する神経といわれているA10神経系**です。

ドーパミンが放出されて、A10神経系が興奮すると、人は快感を感じ、ハイな気持ちになります。そして脳の興奮が自律神経系に伝わると心臓がドキドキしたり、息づかいが荒くなったり、目が潤んだりするのです。

ドーパミンはまた、「がんばるぞ」と意欲が出ているときや人からほめられているとき、美しいものをみて感動しているときなどにも多量に分泌されます。

「恋は盲目」のメカニズム

ところで、18ページでも述べたようにこの**ドーパミンが大量に分泌されているときに、働**

いう説が有力。また、覚せい剤はドーパミンとよく似た分子構造をもち、覚せい剤依存になると精神疾患の統合失調症によく似た症状を示すようになる。

恋愛ホルモン「ドーパミン」の放出で、恋は盲目に！

ボッ
メラ
メラ
よし よし
恋の炎
あ～恋は一直線。
ドーパミン、
恐るべし！

きが鈍くなる脳の場所があります。それが「**扁**《へん》**桃体**《とうたい》や**頭頂**《とうちょう》**・側頭結合部**《そくとうけつごうぶ》」。批判や判断をつかさどる場所です。

つまりは、いったん恋の炎が燃え上がると、相手のいいところしかみえなくなってしまうというわけです。

「恋は盲目」になる仕組みは脳内の伝達物質によって医学的に解明されているのです。

恋する脳のメカニズム

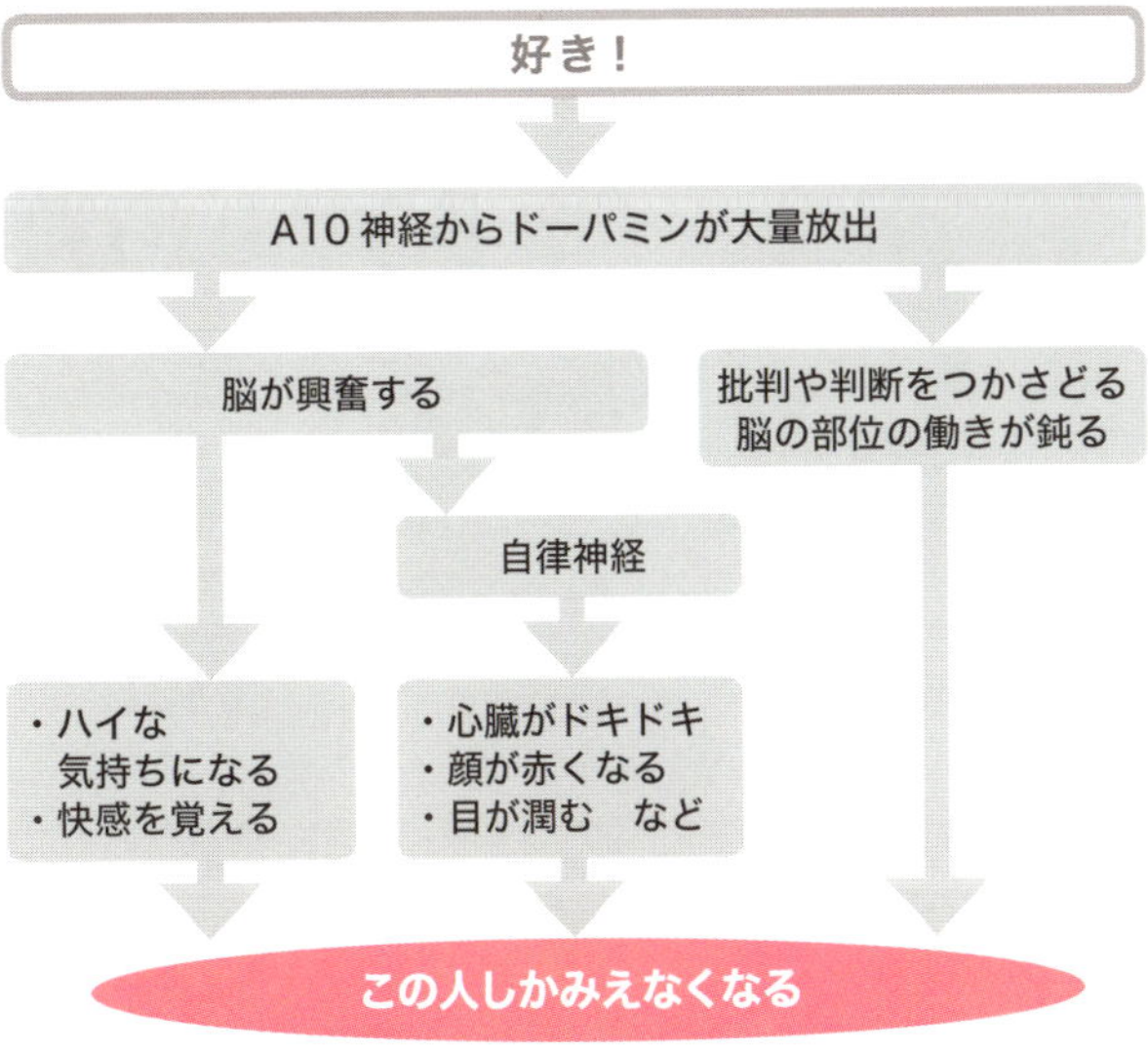
好き！
A10 神経からドーパミンが大量放出
脳が興奮する
批判や判断をつかさどる
脳の部位の働きが鈍る
自律神経
・ハイな
気持ちになる
・快感を覚える
・心臓がドキドキ
・顔が赤くなる
・目が潤む　など
この人しかみえなくなる

ドーパミン　ドーパミンは多すぎてもダメで、ドーパミンが増えると幻覚や妄想症状が起こるといわれている。精神疾患のひとつである「統合失調症」でみられる幻覚はドーパミンの過剰が原因で起こると ↗

大恋愛より見合い結婚のほうが長続きする？

見合い結婚と恋愛結婚による「獲得感」と「損失感」

大恋愛の末に結婚したのにあっという間に別れてしまう夫婦がいます。そうかと思えば、お見合いでさほど相手に期待をせずに結婚したのに、結婚後は相手のことをどんどん好きになっていったというカップルもいます。

こうした気持ちの背景にはどんな心理が働いているのでしょう。これは**無意識のうちに働く「獲得感」と「損失感」という心理**から説明できます。「獲得感」と「損失感」に関して、アメリカのある研究者がこんな実験を行いました。

初対面の二人が短い会話をしたあと、別々の部屋に移されます。ひとりが被験者で、もうひ

恋愛結婚の損失感

一人で
行って来いよ
GAME
出かけ
ましょうよ
愛情や好意が
長続きするかどうかは、
「獲得感」と「損失感」
が左右します
昔は
やさしかった
のに……
獲得感を得たあとに、
喪失感が来たんだニャ

られる。反対に「最初はよさそうな人に思えたが、不誠実な感じがする」とプラス評価がマイナス評価に転ずると、相手に嫌悪感を覚える。

とりはこの実験のサクラです。

「減点」より「加点」されたい心理

サクラは、被験者が偶然聞こえるような仕掛けがされたところで、被験者に対する印象を話します。すると**最初から最後まで被験者をほめたときよりも、最初はマイナス評価から始めてプラス評価に変わったほうが、被験者はサクラに好意を抱いた**のです。これは最初は嫌われていたけれど、最後には好意を得たという、「獲得感」からきた心理です。

反対に**被験者が不快に思ったのは、最初はプラス評価だったのにマイナス評価に変わったとき**。これは当初好かれていたのに嫌われたという「損失感」によるものです。

つまりこれを恋のかけひきに応用すると、**最初はそっけなくしてしだいにやさしくしていったほうが「獲得感」によって、相手の気持ちを引き寄せやすい**というわけです。

見合い結婚の獲得感

うまそうだな。
手伝おうか？
ありがとう！
激しいトキメキは
なかったけれど……
あとから獲得感を得ると
長続きするんだニャ

プラス評価・マイナス評価の伝え方　すべてがプラス評価より「初めはとっつきにくいと思っていたけれど、いい人でした」といわれたほうが、その人の言葉に信頼性を感じられるため、好意を持つと考え ↗

美男美女は意外とうまくいく

カップルにおいて「釣り合い」は大事

みた目は色々なカップルがいますが、破局しやすいカップルの一つにあげられやすいのが美男美女のカップル。美男美女はお互いプライドも高そうなので、一見相性が悪そうにみえますが、実は意外とうまくいくことが多いのです。そしてそもそも**マッチング仮説**（左ページ参照）により、美男美女はカップルになりやすいということもあります。

　ではなぜ美男美女はうまくいきやすいのでしょうか。**そのキーワードとなるのが「自己効力感」**。二人の関係の中で、互いに自己効力感を持っていると愚痴が少ないのです。

自己効力感が高いと幸福度も上がる

ところが、**自分を卑下している場合**はどうでしょう。恋愛に関して消極的になりがちですし、うまく付き合えたとしても「どうせ自分は……」といったマイナス感情が起こってくるために、**負の連鎖に足を取られやすくなる**のです（212ページ参照）。

　また、自己効力感が低いと相手に対する執着心が生まれてきますから、どこかで相手を離さないようにするためのパワーバランスを取りたいと思います。男性の場合は、それがお金であったり、名誉であったりします。相手もまた男性の財産や地位を目あてで近づいてきますから、結

うまくいく
カップルって、
どんな条件が
あるのでしょうか？

自己効力感　なんらかの課題に直面したときに、自分はできるはずという、自分に対する信頼感や有能感のことをいう。

果的に破たんする可能性が高いのです。
自分に自信をもっている人は、人から欠点を指摘されても、明るくかわすことができます。

そうなるとますます周囲の評価が高まるので、幸福度も高まりやすいのです。

自分を卑下しているとチャンスを逃す

安くておいしい居酒屋にいかない？
ブスには居酒屋がお似合いと思っているのね
俺と付き合うのは、俺の金目あてなんだろ
今度一緒に映画に行かない？
自己効力感があるとうまくいく
居酒屋でも行かない？
あら、いいわね

マッチング仮説とは

自分

自分と釣り合う人
安心して付き合える

自分より優れている人
否定されるのを恐れて消極的になる

外見に限らずお互いに釣り合っているとうまくいきやすいんだニャ

マッチング仮説　人は自分の外見とマッチした人と付き合う傾向がある。釣り合いの取れている男女は、恋愛に発展しやすい。

経済的な安定は結婚生活を長続きさせる

カネの切れ目は縁の切れ目？

一般に、収入が安定している結婚生活では幸せだと感じている率が高いのですが、お金持ちでなくてもよいことがわかっています。

一方、日米で行われた離婚についてのそれぞれの大規模調査のデータによると、**無職あるいは定職についていない夫婦は、経済的に安定している夫婦に比べてはるかに離婚率が高いこと**がわかっています。

また、たとえば「**結婚生活に何が必要か**」という質問には、多くの人が「**経済力**」を挙げています。そしてその回答は女性に多くみられました。

経済的な安定は結婚の条件

恋人時代は、彼が経済的に不安定であっても「愛さえあればそれでいい」と思っていた女性も、結婚がスタートすれば、きれいごとばかりはいえなくなります。子どもが生まれれば、さらにこまごました出費もかさみ将来への不安も増します。ところが、男性の経済観念は子どもが生まれる前と後では変わらないことも多いのです。そこに夫婦のギャップが生まれてきます。

こういうカップルの場合、**奥さんが働いて経済力を持ち始めると、離婚率が上がります**。夫婦関係を継続させるには、経済面も大きな条件になるのです。

「愛」だけではやっていけない結婚の現実があるようです

食糧を得る手段である仕事は男女ともに持っているが、女性にとって獲物（お金）をたくさん持って帰る男が理想の結婚相手であることに変わりはない。

安定した結婚生活を女性は望む

恋人時代は、お金より「愛」だと思っていても……
ステキだった男性も……
おれの生きざま～
結婚して収入がないと
結婚すれば「生活」という現実が待っている
ハァ～…
赤字……
ギャー
離婚届
え
ジャカジャカ～ン
金銭問題が深刻だと、結婚生活の継続がむずかしくなるのだニャア…
女性が経済力を持つと、離婚の確率が高くなる

経済力と結婚　太古の昔、狩りが上手で家族を守れる男が「強い男」として認められていた。子どもを産み育てる女にとっては、多くの食糧を獲ってこられる強い男こそが理想の相手であった。現代では ↗

友人関係を広げると別れにくくなる

感情は伝播《でんぱ》する

泣いている人をみると、自分も泣きたくなったり、笑っている人をみると笑いたくなったり、感情は伝播しやすいことをご存知ですか？

そして感情の中でももっとも影響力が強いのが**怒りの感情**です。誰かが怒りを発散すると、周囲がその怒りの感情に染まって拡散していくところがあるのです。

とくに、家族という閉じたシステムの中では伝播しやすく、ひとたび家族の誰かの怒りの感情が爆発すると、どこかで防がなければ怒りの連鎖が続いていきます。それは恋人関係も同じことです。

友人関係がケンカの緩衝材になる

ところが、お互いの友人関係を豊かにして恋人同士開いた関係でいれば、**ケンカしても友人が二人の仲の緩衝材になってくれたり、仲直りのきっかけをつくってくれたりします。**

また付き合いがマンネリ化してきたとき、恋人同士の閉じた関係の中では、互いの新たな魅力をみつけるのには限界が出てきます。けれども友人に囲まれていると、友人を通してパートナーの新たな魅力や違う魅力を発見できることがよくあります。

別れのリスクを減らすには、互いの友人関係に囲まれて交流を持つことがキーポイントです。

別れのリスクを
減らすためには
友人関係も
ポイントになる
ようです

伝播　次々に伝わり広まること。SNSでは、悲しみと嫌悪感の感情はあまり伝播しないが、怒りの感情は伝播しやすいことがある研究で明らかになった。

閉じた関係の恋人同士は別れのリスクが高い

収入
タバコ
ムダづかい
おしゃべり
うっとり
うまくいっているときはいいけれど、相手の魅力が薄れると欠点ばかりがみえてくる

友人関係を広げておくと
やさしい彼じゃない
明るい彼女だね
友人を通して互いの魅力を再確認できるわけだニャ

緩衝材　緩衝とは一般に対立する物などの間にあって、衝突や不和などを和らげることをいう。緩衝材は、物体が破損することをさけるために使われる。俗にいうプチプチ（エアクッション）もその一つ。

結婚モードに入るタイミングとは？

結婚したいと思うときには、どんな心理が働くのでしょうか

結婚のタイミングのずれは修正が難しい

「この人と結婚したい」と思いながら、結局結婚のタイミングが合わずに別れてしまった、という話はよく聞きます。

どちらかが一方が熱烈に結婚を望んでいても、相手が「結婚はまだ先」と考えていれば、ふたりの仲は永すぎた春に突入するか、破局を迎えるか……**結婚のタイミングは一度ずれてしまうとそれを修復するのが難しくなります。**

結婚は勢いとタイミングが大事

では、人はどんなときに結婚をしたくなるのでしょうか？

男性は、「結婚＝責任を負うこと」と考える傾向（70ページ参照）があるので、**男性にとって、自分が責任を持てる機会が得られたときが結婚のタイミング**。就職が決まったり、事業が黒字になったり、昇進したりと仕事にある程度自信がついてくると、結婚を考えるようになります。

一方**女性は基本的に横並び**。たとえば自分より劣っていると思っている**友人が、自分より先に婚約**してしまったりすると「私だって！」と結婚を意識するようになります。また、女性の場合出産のリミットがありますから、**高齢出産になる前に駆け込み結婚**をする人も少なくありません。いずれにしても結婚は、**「勢い」**と**「タイミング」**の問題なのです。

生きてきた。それが連綿と続き、現代においても女性は横並び意識が強いといえる。

結婚を決意するのはこんなとき！

やったー！
辞令
くやしい
勢い
タイミング
ガシッ

男性が結婚を意識するとき

- 就職が決まったり、昇進が決まったとき
- 他の男性に恋人を取られそうになったとき
- 病気になって孤独感を感じたとき

など、男としての自信がついたときやその場の勢いも大きい

女性が結婚を意識するとき

- 友人の結婚ラッシュが続くとき
- 出産など年齢的なことを意識したとき
- 仕事がうまくいかないとき
- 人間関係がうまくいかないとき
- 大きな災害のあと

など、周囲の状況が変わったり、将来が不安になったとき

結婚のタイミングを
見逃さないように
しようニャン

横並び社会　太古の昔、男性は狩りに行き、女性は女性同士協力しながら家を守り子どもを産み育ててきた。男性は上下関係のある縦の競争社会で、女性は他人とのつながりを重視する横並びの社会で ↗

会話するカップルほど長続きする

恋を長続きさせる方法ってあるのでしょうか？

二人の仲は会話の量が深めていく

出会ったばかりの頃は、目を輝かせてお互いの話を聞いていたのに、付き合いが長くなるにつれて会話が減ってきた…。マンネリカップルによくみられる現象ですが、こんなときこそ要注意。「別れの危機」が迫っています。

カップルに関するさまざまな心理学の調査では、**会話の量が多いほど二人の満足度が高まる**ことがわかっています。さらに**セックスについてもフランクに話し合えるカップルは、セックスの満足度も高い**という調査結果が出ています。

つまり、会話の量が多いカップルほどお互いに満足度が高く、長続きするというわけです。

長続きカップルは肯定的な会話がポイント

また、アメリカで新婚夫婦を対象に「否定的なコミュニケーションが13年後に及ぼす影響」についての調査を行ったところ、**否定的なコミュニケーション**は、自分の満足感に影響しませんでしたが、13年後の**パートナーの結婚満足感を低下**させていたという結果が出ています。

逆にいえば、愛情表現をしたり、相手の話を受けとめたり、といった肯定的コミュニケーションが二人の満足感を高めるのです。

熱烈恋愛期が過ぎたあと、別れてしまうのか長続きする関係になるかは、会話の質と量が大きく影響するようです。

バーバルコミュニケーション　言葉によるコミュニケーション。

長続きするか、別れるかは会話の量と質が決め手

出会い
シーーン
別れの日も近い
長く続く
お互いの話を聞き合えるカップルが長続きするんだニャア
お互いの関係を深めていくには、言葉によるコミュニケーションが重要。会話が少なくなるにつれて、相手に対する満足度が低下していく
昨日、こんなことが…
そっちはどう？
へぇ～、それでどうなったの
うん、ボクもね
お互いに率直に話すことができるカップルは、相手を理解し自分のことも理解してもらえる。精神的な結びつきが強くなると、簡単なことでは別れなくなる

ノンバーバルコミュニケーション 表情や態度、しぐさ、声のトーンなど言葉によらないコミュニケーションをノンバーバルコミュニケーションという。

マンネリ時期を乗り越えるポイントは？

結婚生活の
マンネリ化。
こんなときは
どうすればいい？

マンネリ化打破は、レジャー活動がポイント

恋人時代は、自分とは違うところを魅力に感じることが多いのですが、結婚して毎日生活をともにすると、だんだんその魅力があたり前のことになってくる…。どんなラブラブカップルも、結婚生活を長く送っていると**お互いの情熱が色あせてお互いに不満を持つ**ときが来ます。

でもここからが正念場。お互いに飽きてくるからこそ、**夫婦関係を長続きさせる努力が必要**になってくるのです。

時間を
共有する努力が
必要ニャのね

肯定的な会話を意識してコミュニケーションを取る（170ページ参照）ことも一つの方法ですが、夫婦のレジャー活動を増やすこともポイント。

一般に夫婦のレジャー活動が長いほど、離婚の危機が少なくなることが報告されています。

共通のレジャーは結婚生活の円満のしるし

アメリカで行われた調査によると、夫が一人でレジャーを楽しんだり、妻の嫌いなレジャーに行く場合は、妻の結婚生活の満足度が低下することがわかっています。おもしろいことに、妻が個人的にレジャーに出かけることに対しては、妻も夫も満足感に影響がないのです。

そして、**夫婦でともにレジャー活動をする時**

脳とマンネリ　強い刺激も、繰り返されると反応が弱まるように、熱愛も脳がその状態に慣れるとマンネリ化する。それを避けるには別の刺激が必要。

夫が一人でレジャーを楽しむと…

妻は一人取り残された気分になり、不愉快になる

共通のレジャーを楽しむ夫婦は円満

共通のレジャーを二人で楽しむと……

- 共通の話題ができる
- 喜びや感動、わくわく体験を共有できる
- 同じ行動をするからパートナーへの気遣いが生まれる
- 楽しい時間を過ごそうと積極的に考えるようになる

間が長いほど、結婚生活に満足感が高いことが報告されています。夫婦で共通の趣味を持つことが円満のポイントなのです。

共有するレジャー活動と愛情　レジャー活動については、一緒に行うレジャー活動が少ないカップルほど、「お互いの愛情が低下する」という報告もある。

ケンカのスタイルで離婚診断ができる

別れの兆候はケンカの様子をみればわかる

恋人同士でも夫婦の間でもケンカはつきもの。ケンカをすること自体は悪いことではないのですが、**ケンカのスタイルによっては、別れや離婚のリスクを高める**ことがあります。

どんなコミュニケーションスタイルがNGなのでしょう。

心理学者ワシントン州立大学のジョン・ゴッドマン博士は、夫婦3000組の会話を研究した結果、夫婦の15分の会話を分析するだけで85%の確率でその夫婦が4年以内に離婚するかどうかを予測できるようになったといいます。

離婚になる夫婦のサインの一つは、お互いに

離婚するケンカのスタイル・相手の目をみない編

ああ、
聞いているよ
私のいうこと
聞いているの？
相手の目を
みて話さない

相手と目を合わせないのは「聞きたくない」
「興味がない」というメッセージ

別れに導く
コミュニケーション
パターンって
どんなもの？

れるといわれている。カップルの間で、否定的なボディランゲージが増えてくる場合は離婚につながる徴候となるので注意が必要。

話すときに現れる、**否定的な表情や態度**。そしてもう一つは**否定的な会話の仕方**（178ページ参照）にあったのです。

夫婦が険悪になる態度の典型例が、**相手が話しているのに、目を合わせない**パターン。「聞きたくない」というメッセージを示す態度だからです。

また、面と向かって話していても**鼻を鳴らしたり、小馬鹿にした表情を浮かべたり**…。パートナーと別れたくないのなら、まずは相手を否定する態度を改めることからはじめましょう。

恋愛豆知識

相手を拒否するボディランゲージ

無意識のうちにしているこんなしぐさは、相手を拒否する心理的サインです。

・腕を組む
・歩き回る
・肩をいからす
・顔をしかめる
・わざとらしく目を回す
・疑いのまなざしを向ける
など

離婚するケンカのスタイル・見下し編

人を小馬鹿にしたような態度を示す
オレがいいたいのは
拒絶の心理サインで二人の亀裂が広がっていく……
人を見下したような態度を取るのは、自分の優越性を誇示したいから

ボディランゲージ　人と人とのコミュニケーションにおいて、言葉によって伝えられるメッセージの内容は35%にすぎなくて、残りの65%が表情やしぐさ、態度などのボディランゲージによって伝えら↗

男はなぜ口ゲンカを避けるのか？

口ゲンカのときに
男がだんまりを
決め込む
意外な理由とは

口論でだんまりを決め込む男の謎

口ゲンカをしてヒートアップしてきたときに、男性が突然押し黙ってしまうことはありませんか？　女性からみると、とても不可思議なこの態度。ついつい「あなたって都合が悪くなるとすぐ黙るのね！」といいつのりたくなるでしょうが、ちょっと待ってください！

口論中にだんまりを決め込むのは、しゃべっても口が達者な女性には勝てないという理由もありますが、実はこれ、**男性が必死にストレスと戦っているサイン**でもあるのです。

アメリカで行われたストレスの研究によると、男女で**口ゲンカをしたときに、男性は女性に比べて心拍数と血圧が跳ね上がり回復も遅い**という結果が出ています。

ストレスと動揺に弱い男性

つまり男性は、生理的にストレスに弱いということになります。自殺者は女性に比べて男性のほうが多いというのも納得できます。

男性が黙っているのは「このままだと、怒りの感情をコントロールできなくなってしまいそう」だから。そんなときは、女性は「口撃」はおさめて、そっとしておくのが正解です。

口ゲンカの始まりは、
たいてい
女性からニャンだ

るものを他人に話して発散する外向き型。男性は女性に比べてストレスをためやすく、発散しにくい傾向がある。

男女の口ゲンカの典型的パターン

Level 1
警戒モード
始まりはたいてい女性
ちょっとこれどうなってるの？
ストレス
…
血圧
心拍数
だいたいあなたは
Level 2
戦闘モード
ストレス
血圧
心拍数
ピクッ
昔からそうなのよ
Level 3
戦闘突入
ドカーン
うがー
血圧
心拍数
ちょっと逃げるの！
スイッチON！

ストレスの男女差　男性は生理的にストレスに弱いが、ストレスの発散方法も男女では違っている。男性は自分一人で考えて解決しようとする内向き型。一方女性は、愚痴をいうなどストレスの元とな↗

「よいケンカ」は最初のひと言で決まる

批判から始まるケンカはガチになる

相手に「こうして欲しい」という要望を伝えるとき、どんなふうに伝えていますか？

同じ内容であっても、ヒートアップする口ゲンカにつながるいい方と、口ゲンカを回避できる伝え方とがあります。

では、その分かれ目はどんなところにあるのでしょうか。それは**最初の一言が相手の批判から始まるか否かにかかっています**。

たとえば、トイレの電気がつけっ放しだった場合です。

「また、トイレの電気がつけっ放しじゃない。あなたってほんとにいつもルーズでだらしない

破滅につながる最初のひと言

人格を否定されたと思いヒートアップ
あなたっていつもそう。だから出世できないのよ！
カ～

離婚につながるNGワード

- 人格否定（「グズ」「最低」など）
- 容姿をけなす（「デブ」「ハゲ」「ブス」など）
- 比較する（「〇さんと比べて、あなたは」など）
- 身内をけなす（「お義父さん（お義母さん）そっくり」など）

何げないひと言で、ケンカの状況が変わります

人格否定の応酬　人は相手から好意を示されると、こちらも好意を返したくなる。それと同様に相手を人格否定すると、相手からも同じように返される。

の人ね。この前も……」とこれは批判パターン。

こんなふうに**人格を否定されると**相手も「いつもルーズって、いつも何がルーズなんだよ」と**防戦態勢**に入ります。

つまり、いちばん伝えたい「トイレの電気を消して欲しい」は相手に伝わらず「人格を否定・批判された事実」だけが相手の頭に残ってしまうのです。

批判ではなく要望を伝えよう

口ゲンカに発展させないためには「トイレの電気を消してくれると助かるわ」と**批判ではなく、要望のみを伝えること**。「だから電気代が上がっちゃうのよ」といった感想もなしです。

また「私たちこんなふうにすると」とか「私はこう感じた」といった具合に**主語を「あなた」ではなく「私たち」「私」に変える**のも、相手が批判されたと感じさせないポイントです。

ケンカをヒートアップさせない最初のひと言

ケンカに
発展するかどうかは
最初の言葉で
決まるのだニャ
●●してくれると
助かるわ
わかったよ

POINTはココ！

① 批判せずに要望を伝える
② 気持ちを伝える
③「私たち」「私は」を主語にする

批判につながりやすい言葉　「いつもあなたは」、「昔から君は」、「あなたって絶対にそう」「君は決して」「あなた、おかしいんじゃないの」など、「あなた」「君」から始まる言葉はたいてい批判につながる。

上手なケンカのスキルを身につけよう

夫婦ゲンカを
ヒートアップさせない
ための行動を
身につけましょう

口論が暴走しそうになったら、ひと呼吸おく

きっかけはささいなことでも、ケンカしているうちにどんどんバトルがエスカレート……。ケンカがヒートアップすればするほど、その後の修復がむずかしくなります。また、ケンカ中にいったささいなひと言が原因で夫婦の溝が広がって別れに至ってしまう事も。

こじらせないケンカをするには、ちょっとしたスキルが必要です。声がうわずって**興奮しそうな自分に気づいたら、ひと呼吸おくこと**。ゆっくり静かに話すことを心がけてみましょう。

興奮に身を
任せないことが
大切ニャのね。

女性の怒りがおさまらないときは…

ただし、**女性の場合は**、感情と記憶とが密着しているので、嫌な悲しい出来事があると**次から次へと過去のことを思い出して、自制心がきかなくなってしまうこと**もしばしばです。（52ページ参照）

こんなとき、男性がいくら自分の正当性を訴えても、女性は聞く耳をもちません。こうなるとケンカがヒートアップするのは必須です。

もし、女性の興奮がおさまらないようなら、**男性はその場からしばし離れるのが正解**。1回感情が治まったときに、改めて話をすることが必要です。

とケンカして部屋を出たら、最低限でも20分間は戻らないようにしよう。

無意識のうちにやっているこんな行動

だからあなたは
性格がゆがんでいるのよ
・ガミガミ早口になっている
・大声で一気にまくしたてる
・相手の顔をみない、相手をみおろして話すなど、互いの目線の高さが違っている

ヒートアップを回避する行動とは？

相手の
いっている
ことを認める
相手に
逃げ道を
つくってあげる
それは
気づかなかった
多分
もしかしたら
・ゆっくり静かに話す
・相手の目をみて同じ目線で話す
それでもヒートアップ
しそうになったら
・ひと呼吸置いて話す
・その場から
しばらく離れる

男性が気持ちを落ち着かせられる時間　男性はいったん怒りモードに入ると、なかなかクールダウンができない。跳ね上がった心拍数や血圧が落ち着くまでに、20分程度は必要だといわれる。パートナー ↗

ケンカのあと別れる謝り方と長続きする謝り方

ケンカは
謝るタイミングが
難しい。
上手な謝り方
教えます

早い時間で謝ることがポイント

離婚をしないで長く続けられるカップルは、どのような特徴があるのかという調査報告があります。長続きカップルで共通していたのは、**ケンカのあと、早い時間にどちらかが先に謝ってしまう**ということでした。

一方別れてしまうのは、ケンカのあとに口を利かなくなるタイプのカップル。「絶対に自分は悪くない。謝るのは相手のほう」と**意地の張り合いをしていると、ケンカはどんどん長引いて謝るタイミングがむずかしくなります。**そして、ケンカが長引けば長引くほど互いに心底疲れる結果になります。

亀裂を深めてしまうカップル

ケンカは長引くほど、
わだかまりも残るのに…
3月
2月
1月

NGカップルの特徴

① ケンカの勝ち負けにこだわる
② 自分からは絶対に謝らない
③ いつまでもグズグズいう
↓
ケンカが長引いてお互いに引っ込みがつかなくなる

ケンカのときに妻にいってはいけない言葉　「誰に食わせてもらってるんだ」「主婦は気楽でいいね」など、妻の存在を否定する言葉。

勝ち負けにこだわるとしこりが残る

夫婦ゲンカは勝ち負けではありません。仮に正論で相手を打ち負かせたとしても、相手がそれに納得していなければしこりが残ります。

不毛なケンカをするよりも、とにかく謝ってしまうことです。それも男性側から謝ってしまうと、うまいくことが多いものです。

また、日頃から夫婦で「ケンカの際は、相手の人格攻撃はやめよう」、「**ケンカになったら、15分以内に謝ろう**」というルールをつくっておくと深刻なケンカに至ることが少なくなります。

さらに、ケンカしている最中も、「きついいい方をしたけれど、困っていることを伝えたかっただけなの」と仲直りの示唆を入れることができればなおベスト。相手もそのひと言で「自分も悪かったのかな」と思えるはずです。

ケンカをしても互いに謝ったりフォローができれば、長続き上級者カップルになれます。

うまく仲直りをしているカップル

Point
男性から謝るほうがうまくいく
Point
早めに謝る
さっきは…

ケンカのときに夫にいってはいけない言葉 仕事や収入に関して蔑む言葉、親や兄弟姉妹の悪口、「あのときもそうだった…」と過去のことをいう。

ケンカのあとの罪悪感を自分でどうなぐさめる？

「とことん
ダメになってやる〜」
そんな心理を
科学的に
分析すると……

失敗するとどんどんダメになりたくなる

恋人同士のケンカや夫婦ゲンカで思い切り気持ちが落ち込んでしまったとき、あなたはどんな行動をとっていますか？

多いのがやけ食い、やけ酒、衝動買いといったパターン。実は様々な実験で、**落ち込んだときの脳はとりわけ誘惑に負けやすくなる**ことがわかっています。

なぜでしょう？　それは怒りや悲しみ、不安など、人は**ストレスを感じると脳内物質ドーパミンの求める欲求が高まって、脳が報酬を求める状態に切り替わる**からです。

さらに、一度誘惑に負けると「どうにでもなれ」とハメをはずしてしまうことも。ダイエット中にケーキを一切れ食べてしまったとき、「こうなったら全部食べてしまえ」とホールごとケーキを食べてしまう心理もこの「**どうにでもなれ効果**」によるもの。

「自分を許す」ことがキーワード

挫折すると、罪悪感から破れかぶれの気持ちになって誘惑に負け、そのことがさらに罪悪感を招く……こんな悪循環から抜け出すためには、自分を許してあげることがとても大切です。

失敗した自分を許すことで「どうにでもなれ効果」が緩和されることが、さまざまな実験から証明されています。

そうでない女性の半分以下しかお菓子を食べなかった。

落ち込んでいるときの脳は、誘惑に負けやすい

誰もが経験する「どうにでもなれ効果」

- ダイエット失敗後のドカ食い
- 禁煙失敗後によけいに本数が増える
- 禁酒失敗後に飲酒量が増える

など

→ ストレスを感じると、精神を安定させようと脳が報酬を求める状態に切り替わってしまうから

一度失敗すると、
もっとダメに
なりたくなるんだニャ

POTATO
ドーナツ

自分を許してあげよう

元気出して
そうよね

負のスパイラルに陥らないためのポイント

- 誰にでも間違いはある自分を許してあげよう
- 自分にも励ましの言葉をかけてあげよう

「自分を許す」実験　ダイエット中にドーナツを食べてしまった女性の半数に「あまり自分に厳しくしないように」と慰めの言葉をかけたあと、お菓子を渡した。自分を許すように、と慰めてもらった女性は、↗

自分の行動を変えるコーピング

ストレスと付き合うためのテクニック

恋人同士の別れや夫婦の離婚を回避できる方法として、今、注目されているのが「**コーピング理論**」です。

コーピングとは「問題に対処する、切り抜ける」という意味。ひと言でいえば**ストレスと付き合う技術がコーピング理論**なのです。

パートナーとの関係でストレスが起こるような状況があったとき、誰もが相手の行動を修正させたいと思うもの。けれども相手の行動を変えるのは至難のワザです。それよりも、**こちらがいい方を変えたり、行動を変えたりしてやり方を少し修正すると**、それだけで、深刻なケン

ぶつかり合いそうなとき

一触即発
なんだと！
なによ！

ケンカのリスクを減らすには、ちょっとした工夫が必要です

朝までバトルのケンカパターン

相手を批判・否定する→自己防衛本能から相手も応戦する→互いの感情がヒートアップしていく

一つは「情動焦点型」でストレスに対する考え方や感じ方を変えようとする方法。

カを回避することが多いのです。

ガチンコ勝負を避ける技術

また、ケンカは合気道などの武道と同じ。相手の攻撃を正面から受け止めてしまうと、衝撃が大きくなりますが、ほんのちょっとでもかわすことができれば衝撃がぐっと減ります。

簡単な方法としては、**口論になる前にワンクッションおく機会をつくる**こと。

例えば、相手が怒って興奮しているときは、すぐにいい返さないことが大事。反論したい気持ちを抑えて、1分程度相手のいい分に耳を傾けてあげましょう。いいたいことを全部いってしまえば、相手の興奮も徐々に収まってきます。

あるいは、「ちょっとトイレへ」と席を外して、少したってから戻って話を聞くのも一つの方法。こんなちょっとした行動で、深刻なケンカに陥るリスクはかなり軽減されます。

ワンクッションおいて、攻撃をかわす

カチンときたときの対処法

- ゆっくり深呼吸をして気持ちを整える
- 温かいお茶やハーブティーをいれてゆっくり飲む
- 少しの間、その場から離れる

感情温度計を下げるには、「ひと呼吸おく」のがいちばん！
ちょっとトイレ〜
あらら
ヒョイッ

ストレスコーピング　心理学者ラザルスが提唱するストレスコーピングは、2種類あり、一つは問題焦点型で、ストレスの元となるものに働きかけ、それ自体を変化させて解決を図ろうとする方法。もう ↗

遠距離恋愛は長続きするの？

進学、就職、
転勤……
離れ離れになった
二人の
恋の行く末は？

遠距離恋愛は相手の行動を理想化しがち

会えるのは月数回の週末だけ。今度会えるのはいつ？ 遠距離恋愛はロマンチックですね。でも、**二人の距離が離れていればいるほど、結婚に至る確率は低くなってしまう**ようです。また、**結婚したとしても長続きしない**ことが多いものです。なぜでしょう？

遠距離恋愛では、互いの距離を埋めるために、ひんぱんにメールや電話のやり取りをしますが、会えない分愛情表現も多く、パートナーの行動を理想化する傾向がみられます。

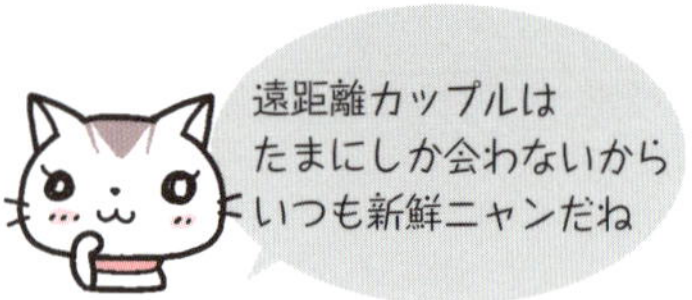
遠距離カップルは
たまにしか会わないから
いつも新鮮ニャンだね

そして会うときは時間が限られていますから、胸がときめき、互いを満たせる関係がつくれるのです。

結婚後はコンコルド効果の呪縛がとける

けれども、いざ結婚すると**心の中につくりあげていたパートナー像と現実との違いに戸惑います**。恋愛中はやさしかったのに、結婚すると愛情表現も少なくなってきます。昔と比べてときめきがないうえに、相手のアラもみえてくる…。「結婚はつまらないね」という感覚になるのです。

つまり、遠距離恋愛中は、相手を得ようとする**「コンコルド効果」が発揮**できるのですが、

交通費などにお金がかかり、会いに行くための時間も費やす。それを回収しようと、無意識のうちに努力する。

会うときは「燃える」遠距離恋愛

Love
Love
東京
北海道
会いたかった！
Love
Love
遠距離恋愛における
コンコルド効果
近距離恋愛と比べて
経済的負担や
時間的労力がかかる
自分の努力と思いが
水の泡になるのを
恐れて相手に固執する

結婚すると
だらしないなあ…
男のくせに
細かいなあ…
相手の欠点がみえてくる

結婚後は、コンコルド効果の呪縛からとけて現実の相手と直面する…。遠距離恋愛カップルの結婚が長続きしにくいのは、こんなところに原因があるのです。

コンコルド効果 採算が合わないのに実用化されて商業的に失敗した音速旅客機「コンコルド」に由来する。それまでかけてきた時間や手間、お金を惜しんでやめられない状態。遠距離恋愛でも電話代や ↗

嫉妬心があるうちは相手を想っている証拠

適度な嫉妬は恋の媚薬になる

恋愛につきものなのが**嫉妬心**。嫉妬心は持ってはいけない感情のように思われますが、恋愛と嫉妬心は切り離すことのできない関係にあるのです。ある心理学者が、恋愛関係にある男女に嫉妬に関する調査を行い、さらに数年たって同じカップルに調査をしました。**カップルの中の4分の1は結婚していて、彼らは結婚せずに別れてしまったカップルに比べて嫉妬心が強い**という調査結果が出ました。

このことから適度なやきもちがスパイスになって、愛を燃え上がらせ、恋愛が継続することがわかります。ただし、行き過ぎた嫉妬心は

愛しているから嫉妬する

元カノ？
キャバクラ？

「嫉妬」という
やっかいな感情との
付き合い方は？

こんなときは……

- かわいく嫉妬する
  （例：またどこかでモテてるん
  じゃないかって、心配しちゃったわ♥）
- 自分の気持ちを伝える
  （例：どこかで事故にあったのではないかって、
  心配しちゃった）

「もしかして、私は誰かと比べているんだな」と自分の嫉妬の感情に気づくことで、気持ちが楽になることも多い。

相手も自分も傷つけて、恋を終わらせてしまうこともありますからご注意を。

嫉妬の怒りをぶつけるより有効な方法

ところで、嫉妬すると男性は機嫌が悪くなったり無口になったりすることが多いのですが、**女性は、まず相手に怒りをぶつけることが多い**ようです。「あの人は誰？ もう二度と会わないで！」と彼を責め、彼の行動をコントロールしようとすると、二人の関係がぎくしゃくしかねません。

こんなときは「○○さんと仲がいいみたいだから、やきもち焼いちゃうな〜」などと明るいタッチで**自分の気持ちを伝えてみる**といいかもしれません。また、**自分が「悲しい」気持ちでいることを伝えるのも有効**。「そんなにつらい思いをさせていたのか」と彼の反省を促し、愛情を思い出させるきっかけにもなります。怒りだけの伝え方よりずっと彼の心を揺さぶります。

嫉妬しなくなったら愛情消失のサイン？

無関心
ドキッ
久しぶり
あれ
うめ〜
嫉妬されないというのも寂しいニァ〜

嫉妬する心の背景　嫉妬する心の背景に自分に対する自信のなさがある。自分は誰かと比べて負けるのではないかという恐れが嫉妬心を深くしていく。嫉妬心は抑えようとするとよけいに強くなっていく。↗

相手を束縛したくなるのはなぜ？

束縛が激しい人は浮気願望が強い

「今、どこにいる？」「何している？」。恋愛初期のころはくすぐったく感じていた束縛も、次第に息苦しく感じてきたりします。相手を激しく束縛する背景には、**自分に自信を持てない、プライドが高い、自己愛が強い**などはさまざまな心理が隠れていますが、それ以外にも「投影」という要素が大きく影響しているといわれます。

自分自身に浮気願望があるからこそ、相手にも「浮気願望がある」と思い込んでしまうのです。その結果、相手の行動がすべて浮気に結びついて「怪しい」と絶えず猜疑心《さいぎしん》にとりつかれてしまうのです。

束縛が強い人はストーカー気質かも

例えばパートナーが「今度クラス会に行く」と話したとき、ふつうは「そうなんだ。楽しんでおいでよ」といった反応ですが、自分が浮気願望を持っている人は、パートナーもクラス会に行って浮気をするに違いないと思い込みます。

物事をこんなふうに偏って受け止めていると、負のループにはまって抜け出せなくなります。**束縛が強い人は、DVやモラルハラスメント、最近目立つストーカー犯罪につながりやすい**ので要注意。ストーカーは付き合いが長くなるほど執着する傾向があります。束縛が強すぎる相手とは早めに距離をおくことをおすすめします。

束縛とは
どんな心理から
くるのでしょう？

ドが高い」「責任を転嫁する」「自分に自信がない」「嫉妬深い」「依存しやすい」などがあげられる。

相手を束縛するのは嫉妬心よりむしろ不安から

「自分を捨てて、他の異性のところに行ってしまうのではないか」という不安感から相手を縛ってしまう

もう1件いこーぜ
うんざり
8:01
今どこ？
8:03
何してるの？
8:05
なんで
返事くれないの？
8:07
いったいどこに
いるの？

激しく束縛するのは、浮気願望の裏返し？

投影

↓

不安になって相手を疑う

↓

束縛

↓

行き過ぎるとトラブルに！

自分だったら……
クラス会には、絶対、
絶対行かないで!!
HOTEL
?
クラス会のお知らせ

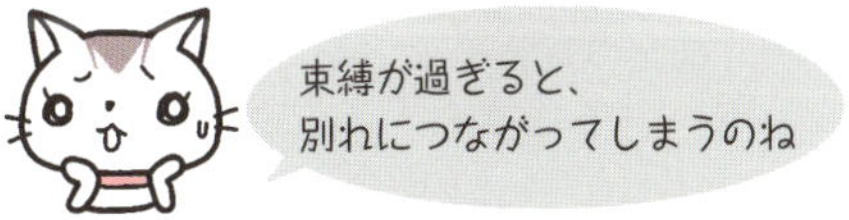
束縛が過ぎると、
別れにつながってしまうのね

ストーカー　ストーカーというと男性が女性につきまとうイメージがあるが、女性ストーカーも少なくない。ストーカーになりやすい性格としては「思い込みが激しい」「自己愛が強く自己中心的」「プライ↗

しっかりものの女性とヒモ男の関係って……

相互依存で成り立つカップルもいる

仕事がデキるしっかりものの女性に、仕事にもつかずにブラブラと遊んでいる**ヒモ男**。はたからみると**「別れればいいのに」と思うようなカップルでも、当人同士は満足**しているということが少なくありません。

そこにはどんな心理が働いているのでしょう。

家賃も生活費も女性持ち。しかもお小遣いまで貰っていたりして、ヒモ男は経済面で女性にべったり依存しますが、**依存しているのは男性だけではありません。**

実は女性もまた、メンタル面でヒモ男に依存しているのです。

WIN WINの関係

女性はヒモを養うことで、相手に尽くしてあげている、という満足感を覚えます。それは女性にとっては子どもを育てるのと似たような感覚なのです。

一方、男性は男性で、自分はヒモになって経済面で依存しているけれど、彼女の精神面を癒してあげているという自負があります。

つまり、互いに足りない部分を互いに補っている関係でもあります。

こんなふうに相互作用がプラスに働いている場合は、**WIN WINの関係**。周囲がなんといおうと、二人は別れることはないのです。

別れたほうがいいと思うカップルも当人同士は満足していることも

れることも多い。ポジティブ恋愛心理学においては、人を幸せにすることで自分も幸せになるのが「WIN WIN」の関係。

人は「別れたほうがいい」というけれど……

いって
きま〜す。
いってらっしゃ〜い。
きょうも愛してるよ
ヒモ男の
どこが
いいんだろ

相互作用が働くとうまくいく

しょうが
ないわね。
いつまでも
子どもみたい
私がいないと
ダメなのね
車欲しいなぁ。
キミを連れて
ドライブに
いきたいなぁ
ボクは
彼女を癒して
あげてるものね
お互い
満足なんだね

WIN WINの関係　WINは勝つという意味。『7つの習慣』の著者スティーブン・R・コヴィーの考え方に基づくビジネス用語。「双方が満足のいく」という意味だが「双方が利益を得る」という意味あいで使わ ↗

ユーモアは別れにストップをかける

カップルの
間で交わされる
ユーモアには
こんな効果が
あります

ユーモアが結婚生活に与える影響

夫婦関係に関するさまざまな調査の中で**ユーモアがいい合えるカップルは、離婚しにくい**という報告があります。

ある研究では、恋人や夫婦の間でいい争いの最中に**ユーモアを用いるかどうかを調べたところ、ユーモアを用いるカップルは、そうでないカップルと比べて、互いの満足度が高い**という結果が出ました。

ユーモアは
夫婦長続きの
特効薬ニャンだね

また、話し合いの最中にユーモアをよく用いるカップルの離婚率を調べた調査もあります。結果は、ユーモアを用いたカップルは別れる割合が低く、そうでないカップルと比べると、離婚率になんと5倍以上の差が出たのです。

ユーモアでケンカの流れを変える

ふたりの間で口論が勃発。そんなストレス状態のときも、相手の怒りをさらりと交わしてユーモアをいってみる。すると爆発寸前の緊張状態が解けて、会話の流れが変わってきます。

恋人や夫婦の関係において、いかにユーモアが重要であるかがわかります。

ユーモアが幸福度を上げる

一般に、**ユーモアをよく使っている人ほど、**

をさす。ユーモアを持つことで不快な出来事から距離を置くことができ、同時に自分が置かれているストレス状態を客観視することができる。

ストレスの影響を受けにくいことが知られています。ユーモアは**ストレスコーピング**の重要な手段なのです。

ポジティブ心理学の観点からいうと、ふたりのあいだで一日の中で何度か笑い合うような場面をつくることをおすすめします。

恋愛マンガ ユーモアが夫婦の危機を救う！

たったそれだけのことですが、これで両者の関係がすごくよくなります。

ポジティブ感情でいることが、ものごとを柔軟にみる視野を広げてくれたり、幸福度を上げてくれたり、二人の関係の様々なところによい影響を与えてくれます。

コーピングユーモア　コーピングとはストレスに対応する技術のこと。様々な種類があるが、「ユーモア」もその一つ。コーピングユーモアは、ストレスのかかる状況において、ユーモアで切り抜けること ↗

離婚して幸せになるのは女性？

離婚男性が陥りやすい負のスパイラル

離婚の提案は女性から切り出すことが多く、離婚後の幸福度も女性のほうが高いことがアメリカの調査例でわかっています。

でもなぜなのでしょう。それは**男性に比べて女性のほうが適応力があり、社会的サポートが受けやすい**という点にあります。

一般に女性は、離婚後は、友人になぐさめてもらったり、気晴らしに旅行に行ったりと、積極的に行動して傷ついた心を癒していきます。

それに対して**男性は内向き**。プライドが高いので、逆に自分の弱みを誰かに相談するということもできません。するとますます一人で悩んでしまうことになります。

また多くの男性は家事を女性に頼っていますから、家に帰ってきたら食事はコンビニ弁当かインスタント食品。うっぷんを晴らすようにタバコを吸ったり、酒を飲んだりと生活が乱れてきます。それがボディブローのように効いてきてメタボになり、やがてうつ病に…、と**負のスパイラルに入りこんで**いきます。

そうならないためにも、生活習慣を整えて酒やタバコに逃げないこと。くよくよしないためにも、積極的に体を動かしたり、好きな趣味を楽しんでください。

離婚したあとの人生にも男女差がみられます

女性のほうがたくましいのかもしれニャイね！

非常に幸せ」になっているという結果が出た。

離婚後、女性の場合は……

元気出して
なぐさめてもらう
旅行に行く
おしゃれに気をつかう
幸福度が高い

離婚後、男性の場合は……

わびしい食事
やけ酒をのむ
ビール
酒
禁煙
煙草を吸う
負のスパイラルに陥る

離婚のダメージ　離婚のダメージは男性のほうが長引くことがわかっている。「ライフイベント」に関するある調査では、離婚5年後、男性は「当時に比べ若干幸せ」になったのに対し、女性は「当時に比べ ↗

血液型による相性って本当にあるの？

科学的根拠がないのに日本人が信じる理由

血液型による性格診断を信じている人も多いのでは？　日本ではすっかり浸透している血液型性格診断ですが、**欧米では血液型で性格を診断することはありません。**日本ではなぜ血液型性格診断が根付いているのでしょうか。

一つは遺伝子レベルの問題があります。**日本人はアメリカ人と比べるとセロトニンの吸収率が30％も少なく、そのため不安や心配を抱きやすい傾向**があり、物事に対しても慎重です。それがそのまま血液型性格診断のA型気質にあてはまるのです。

また、日本人にもっとも多い血液型はA型で

血液型性格診断による思い込みで印象を形成

みんなが
右へ行くなら
左へ行くよ
色メガネ
A
B
自分勝手
ペタッ
やっぱり
B型ね
血液型の色メガネで
みてしまうとせっかくの
恋のチャンスを
逃がしてしまうかも

自分の知りたい部分だけを記憶しているために、つい色メガネでみてしまう

日本人とセロトニン　多くの日本人は不安やストレスを感じやすいセロトニントランスポーター SS型の遺伝子を持っているといわれている。

人口の43～44％占めています。**日本人のほぼ半分近くがA型**ですから「血液型による性格診断」は、**確率的にもあたりやすくなる**のです。そして残りのO型、B型、AB型は割合が少ないために行動が抽出されやすいのです。「自分はB型だからマイペースなんだ」と思っているとそれが**自己成就予言となって、血液型性格診断に合わせた行動をとる**ようになります。

自分が信じたい記憶だけをストックしている

また、血液型による相性についても、相関関係はないという調査結果が出ています。にもかかわらず、「あたっている」と思うのは、**血液型性格診断を信じている人の間では相関性が出てくるから**。「この人は、この血液型だからこうなんだ」と信じていると、**自分が知りたい部分だけを記憶としてストックして、例外部分は排除**してしまいます。血液型があたっているというのは、心理学で説明ができるのです。

違う血液型の人が同じことをいっても受け取り方が違う

個性的なのね
みんなが右へ行くなら左へ行くよ
色めがねで相手をみるから結果的にあたってしまうんだニャ
A
O

血液型性格診断　日本では1927年に血液型と性格についての論文を発表したのが最初といわれる。その後1971年に血液型診断の本が出て大ブームになった。

年齢とともに幸福度は高くなる

年齢と幸福度は関係があるのでしょうか？

85歳は、18歳より幸福度が高かった

年を取ると、体の自由も効かなくなって、孤独を感じたり、希望がなくなったりと、**マイナスイメージばかり浮かんできますが**、**実は年を重ねるとともに幸福度が高くなる**ことをご存じでしょうか？

アメリカで3万人を対象に行った幸福度に関する調査では、18歳から50歳にかけては幸福度が下がっていきましたが、**50歳を超えると幸福度が上昇。85歳では18歳よりも幸福度が高くなる**ことが判明しました。その他の欧米の調査でも、年をとると気持ちが前向きになり幸福度が上がっていることが明らかになっています。

人は年とともに幸せになる能力を高めていける

年を取るほどに幸福度が増す理由の一つに受容性があります。若いときは、失敗をクヨクヨ悩みがちですが、**年を重ねて経験を積むと「こんなことはよくあることさ」と、マイナス感情を上手に処理できるようになります**。また、年を取ると涙もろくなり記憶力も衰えますが、**涙を流すことや嫌なこともすぐ忘れることも幸福度を高める**ことに関係します（30ページ参照）。

恋愛においても、おだやかな関係の中で精神的な交流を深めていく傾向があります。年とともに幸せになる能力を高めていける。そう考えると、年を取るのも悪くない、と思えませんか？

幸福度がもっとも低い年齢は45歳であった。そして、45歳を過ぎる頃から少しずつ幸福度が上がっていった。

何か失敗したときのシニアと若者の違い

なんとかなるさ
シニア世代

ああすればよかった
こうすればよかった
くよくよ
若者

- 経験から、マイナス感情を上手に処理しやすい
- 涙を流すことで幸福に

- 不快な状況に動揺しやすい
- 泣くことをよしとしない

恋愛も年齢とともに精神的な交流が深まる

若者

- 性衝動につき動かされるように肉体関係を結びがち
- 恋愛に対してせっかちで、すぐに結論を求めたがる

シニア世代

- ゆっくりと愛をはぐくむ
- 精神的な交流を深めていく傾向がある

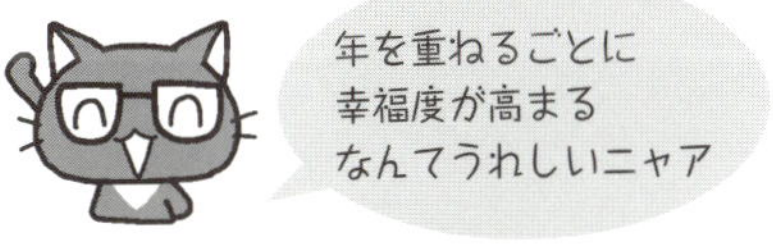
年を重ねるごとに
幸福度が高まる
なんてうれしいニャア

幸福度がもっとも低い年齢　欧米では人の幸福度に関する様々な調査がなされている。イギリスで行われた幸福度に関する調査では、アメリカの調査と同様に、年齢と幸福度の関係はU字型で表され、↗

ナットク!
恋愛心理学コラム

時間の流れは年齢とともに加速する

子どもの頃は長かった1年が、大人になるとあっという間に過ぎていきます。時間感覚のずれは錯覚だと考える人も多いようですが、**実は生理的なレベルから起こるもの**なのです。

コンピューターを例にお話しするとわかりやすいかもしれません。コンピューターの処理能力が衰えてくると、作動がゆっくりになって、画面がなかなか立ち上がらなかったり、文字の変換も遅くります。

人の脳の情報処理能力も同じこと。**加齢とともに情報処理能力が衰えていくので、時間の流れについていけなくなります。**そのため、あっという間に時間が流れていくのです。

1日24時間という時間の流れも、80歳ぐらいになると、3、4時間ぐらいにしか感じないといわれます。100歳ぐらいになれば、1日は2時間ぐらいの感覚で過ぎていくのかもしれません。

時間があっという間に過ぎて、寂しい気がしますが、いいこともあります。つらいときも、あっという間に時間が過ぎていくので、つらさを引きずらないですむのです。

時間の流れと意欲　高い目標をやり遂げようとする意欲を達成動機という。アメリカの心理学者の調査では、達成動機が高いほど時間の流れを早く感じるという結果が出ている。

PART 5

恋のトラブルを乗り越えよう！

Part 5
ポジティブ感情で愛の危機を乗り越えろ

それから倦怠期は世界共通どんなカップルにも訪れるものなんだ
4年目をどうしていくかがポイントだよ
210ページをみてね
わ〜そうなんだ
4年目か〜…
先生、私の相談にものって
実は今、不倫してて……
そうなんです みんなが反対してるのにCちゃん、ますます…
燃え〜
それは
ロミオとジュリエット効果
かもしれない
えー!!
ロミジュリ!?
詳しくは244ページに
先生 私の主人DVなんですっ
私の相談も! 彼、働かないの でもやさしいんです
わしのウソよくばれるんだけど
みんなこの本にでていますよ

恋愛にも賞味期限があった

熱烈な恋愛は体と心に負担を与える

愛が芽生えて熱烈に愛し合う。やがて気持ちがすれ違い、別れを迎える。生物の一生と同じように、**恋愛にも発生から死滅までのサイクルがあります。**さまざまな研究によって、そのしくみが解き明かされてきました。

熱愛中に、盛んに分泌されるのが快楽ホルモンともいわれる「ドーパミン」です（158ページ参照）。**ドーパミンが二人の恋を燃え上がらせるのですが、こうした状態は永遠には続きません。**その理由を、アメリカの人類学者ヘレン・フィッシャー博士は「ドーパミンの大量分泌は体にかかる負担が大きいからだ」と分析します。

熱愛の賞味期限は12～18か月

ドーパミンは薬物中毒や多幸感にも関連する伝達物質。過剰分泌が永遠に続けば、精神も肉体も正常とはいえない状態に陥ってしまいます。

イタリア・ピサ大学のドナテラ・マラツィティ博士は調査・実験の結果、**熱愛の賞味期限は12～18か月**という結論を出しました。この時期になるとドーパミンの分泌が沈静化してくるようです。その後も二人の関係が長続きするかどうかは互いの努力にかかってきます。

脳科学の研究で、恋に終わりが来るしくみが解明されています

ああ、別れの予感が…。恋を継続するには努力が必要ニャのね。

と同時に、摂食中枢や満腹中枢も刺激されるため食欲も抑制される。

熱愛の賞味期限は12〜18か月

発生
成長
衰退
死滅
恋に落ちる
脳
もしかしたら
この人では
ないかも
やっぱり
この人では
ないかも
脳
別れ
最初の7か月　熱烈ラブ期
交際12〜18か月
恋の賞味期限が切れてくる
高い
快楽ホルモン・ドーパミンの量
低い

ドーパミンと食欲　恋人と一緒のときは空腹感を感じない、こんな経験は誰にでもあるはず。これは快感ホルモンドーパミンの仕業。ドーパミンが分泌されると脳の視床下部にある性中枢が刺激される ↗

「離婚のピークは4年目」は本当？

離婚やすい時期は世界共通だった

熱愛の賞味期限は12～18か月といわれますが（208ページ参照）、離婚しやすい時期というのもあるのでしょうか。

アメリカの人類学者ヘレン・フィッシャー博士によると「離婚のピークは、結婚して4年後にある」といいます。

これは、国連統計局による世界約60か国のデータから導き出したもの。**文化や風習が異なる国々を調査したにも関わらず、離婚のピークは共通して4年目にあった**のです。

なぜでしょう。フィッシャー博士は「子どもが生まれて、乳離れするまでに、必要な期間が約4年だから」だと考えます。

4年目を乗り越えれば破局の危機は減る

太古の人類は、多様な種を残すために、子どもが一人で生きていけるようになると別のパートナーを探しました。男女の絆は、もともとは赤ちゃんの成長が一段落するまでの期間限定であったのではないか、というのです。

倦怠期が訪れるのもちょうどこの頃で、離婚の危機に見舞われます。けれども、**それを過ぎると破局の危険性はグンと減るという報告もあ**ります。互いに積極的にかかわってこの時期を**乗り越えられれば、二人の関係はより強く安定したものに成長する**のではないでしょうか。

離婚に関する
統計をみていくと、
面白いことが
みえてきます

を分泌しながら家族という幸せを感じ、結婚生活を続けていくといわれている。

子どもが一人立ちできる4年目が離婚の危機

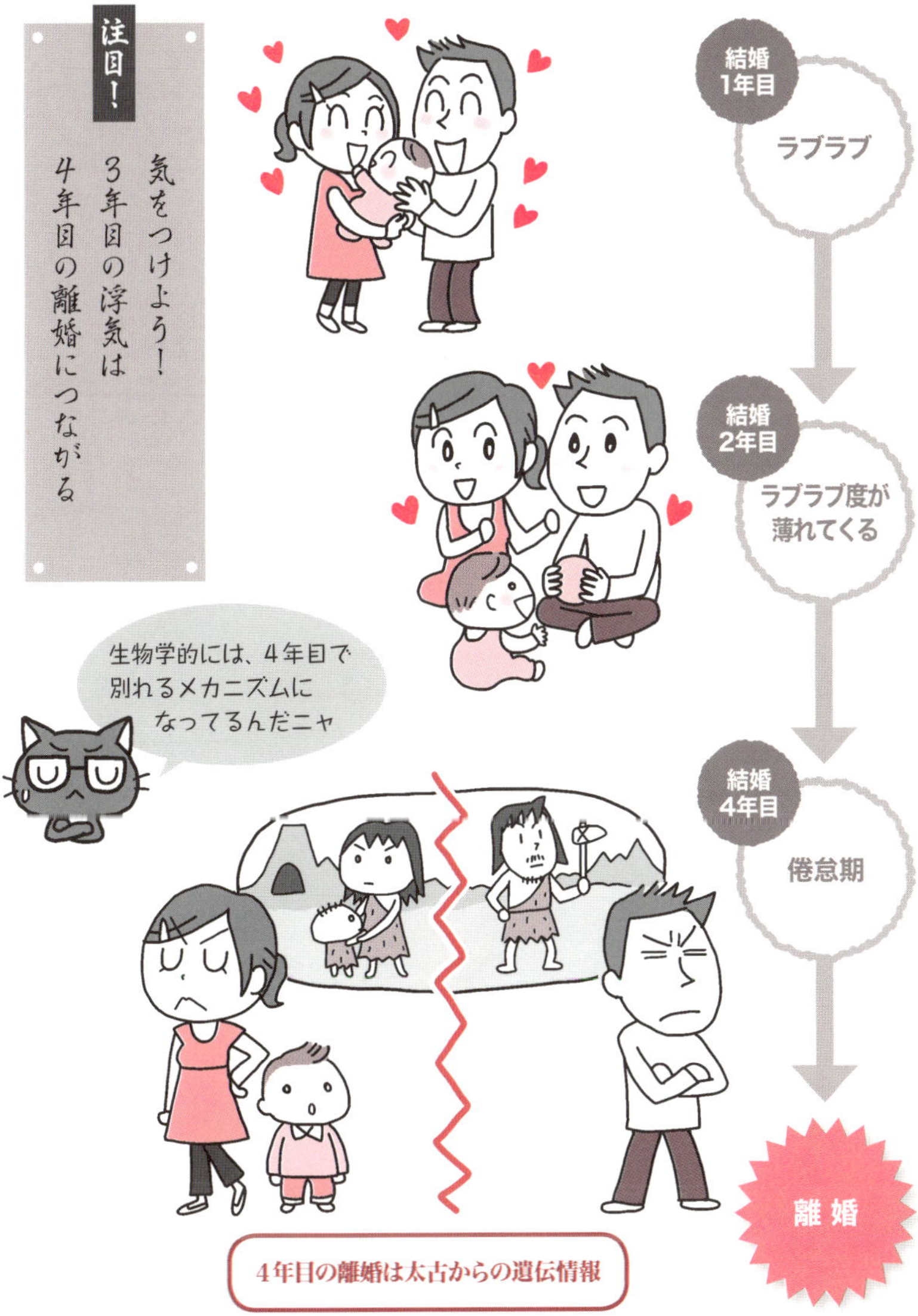
注目！
気をつけよう！
3年目の浮気は
4年目の離婚につながる
結婚1年目
ラブラブ
結婚2年目
ラブラブ度が薄れてくる
結婚4年目
倦怠期
離婚
生物学的には、4年目で別れるメカニズムになってるんだニャ
4年目の離婚は太古からの遺伝情報

家族と幸せホルモン「セロトニン」 ドーパミンは快楽ホルモンと呼ばれているが、それに対してセロトニンは、安らぎを感じさせてくれるホルモン。一説によると、子どもが誕生すると夫婦はセロトニン

ネガティブ感情では、結婚も恋愛もうまくいかない

思い描いたとおりになる自己成就予言

想いが通じてせっかくカップルになったのに、「いつか捨てられるのでは？」などと、悪い未来ばかり考えてしてしまうことはありませんか。過去の恋愛で傷ついたり、自分に自信が持てない女性によくみ受けられる傾向です。

でも、気をつけてください。**「うまくいくわけがない」と自分や相手の行動を決めつけていると、そう考えなければ起こらなかったはずの悪い状況が実現してしまう**ことがあります。

ネガティブな感情は、**自己成就予言**の悪い面を引き出します。マイナス感情に引きずられやすい人は、自己成就予言をいい面で活用してく

ネガティブ感情は自己成就予言の悪い面を導く

いつか捨てられる
私、男運がないもの
浮気されるかも
別れよう
やっぱり
無意識のうちに悪い予測に沿った行動をとってしまう
ネガティブ感情が行動にも影響を及ぼしています

変身したというギリシャ神話に由来する。

ださい。ものごとの**いい面をみるようにすると、自分の行動がポジティブな方向に向かう**傾向が高くなることが実証的にわかっています。

社会的に成功している人に「あなたは運がいいですか?」という質問すると、「自分は運がいい」と答える人の確率が非常に高いのです。**悪いことがあっても、それも何かしらプラスになったのだと思い込める人は、自らの力で人生を成功に導いて**いるといえます。

恋愛豆知識

ピグマリオン効果を活用しよう

ピグマリオン効果とは、人は期待されるほど意欲が引き出されて、期待通りの成果を出す」という教育心理学における心理学的行動の一つ。

もちろん、恋愛にも応用できます。「あなたを信頼している」「あなたならきっとできる」そんなふうに期待を込めていい続けると、相手がどんどん理想のタイプになっていきます。ピグマリオン効果を上手に活用してください。

ポジティブ感情は幸せな未来を招く

結婚しよう!
やった〜
私たちいいカップルかも
ポジティブ感情が幸せな未来に導いてくれるのね
結婚したいなぁ
彼は私を大切に思ってくれる
表情も言動も行動も明るくなって幸福度が上がる

ピグマリオン効果の名前の由来　女性の彫像に恋をしたピグマリオン王が、いつか本物の女にならないものだろうか、と期待してその彫像に接しているうちに、願いが叶えられ、彫像が生命ある女性に↗

去れば追う、追われれば逃げたくなる心理

「去れば
追いたくなる」
恋愛心理を
解き明かして
みましょう

失って気づく相手の価値

恋愛心理学の中に「**去れば追う、追われれば去る**」という法則があります。

これは、こちらが積極的にアプローチしているときは、つれないそぶりなのに、あきらめて次の恋に生きようと思ったとたんに、相手が積極的にアプローチをしてくるというもの。**相手を失いそうになったとたん、相手の価値に気付く**というわけです。

とくに男性はその傾向が強いようです。でも、もうひとつ「**去れば追う**」心理には「損をしたくない」という気持ちも強く働いているといえます。

微妙な距離感を保って
追いかけさせるのが
「恋の上級テクニック」
ニャンだね

得をするより損する苦痛のほうが上回る

人は得をする満足感よりも、損失からくる苦痛のほうが大きいという微妙な心理を持っています。たとえば、1万円得をしたことよりも、1万円を落としてしまった、というほうがはるかに本人に与えるダメージが大きいのです。

好き、好きと積極的に迫るのもいいけれど、それよりも、手に入りそうで簡単には手に入らない、うかうかしていると逃げてしまうかも…。そんな微妙な距離感が相手を引きつける絶妙な恋愛の距離感といえそうです。

追われる心理

心の動き

いつも
追いかけられていると

↓

追いかけられるのが
あたりまえになる

↓

相手の価値に
気づけない

帰りに
ごはん食べよ
追う
電話やメール、うっとうしいなあ
約束が
あるんだ
逃げる

去られそうになる心理

心の動き

相手を
失いそうになる

↓

逃がした魚は
大きく思える
「損得回避性の法則」
が働く

↓

追いかけたくなる

他に好きな
やつが
できた⁉
急に連絡が
来なくなった
価値
どうしたんだろう
去れば追う

得する満足 ＜ 損をする苦痛

損をする苦痛は、得する満足感を上回る。

損得回避性の法則　利益から得られる満足より損をする苦痛の方が大きい、という法則。たとえば、戦略では、「○○円引き」より「今買わなければ○○円損をする」というチラシのほうが、より消費者に ↗

男性のウソのサインは簡単に見破られる

顔よりも手の動きに注目を

このいいわけ、なんだか怪しい…。そんなときにパートナーのウソを見破る方法があります。それは手の動きをみることです。

「え？　顔の表情じゃないの？」という声が聞こえてきそうですが、**表情は意外とあてになりません。**ウソをつくほうはバレないように必死に表情をとりつくろいますし、ウソをつき慣れている人ならめったに表情に表しません。

けれども顔に神経が集中する分、おろそかになるのが体の部分。不安な気持ちやウソを隠ぺいしようとする心のサインが無意識のうちに表れます。**とくに手の動きに注意しましょう。**

女性は敏感に反応する

どこに行っていたの！
私の目をみて答えなさいよ！
ピク!
ジーッ
怪しい
なんか変！

他にもある ウソをつくときのこんなしぐさ・リアクション

- やたらと足を組む
- 貧乏ゆすりをする
- 視線が泳ぐ
- 何を聞いても手短にしか答えない

など

ウソを見破るコツは、ボディランゲージに隠されていました

キオの冒険」でピノキオがウソをつくと鼻が伸びることから「ピノキオ効果」と呼ばれる。

手は口ほどにものをいう

ウソをついている人は、**鼻や口を触るしぐさが増えます。**口を触るしぐさは「**ウソをいっている口を隠したい心理**」の表れ。鼻を触ることで口元をさりげなく隠そうとします。また、ポケットに手を入れるなどの動作もウソをつくときにみられるしぐさです。

女性は、左脳で言語を処理しながら同時に右脳で情緒なども処理できる特性を持っています。相手の不自然な動作には「何かある」とピンとくるので、男性のウソは見破られやすいのです。

ウソがばれたときの効果的な謝り方

女性に謝るときは、女性のルールで、男性に謝るときは男性のルールで謝るのがポイント

♀ 女性のルール

女性は気持ちを傷つけられたことをまず謝って欲しい

男性→女性

「君を傷つけてしまって悪かった」
（感情に訴えて謝る）

♂ 男性のルール

男性は、ウソをついた事実に対してまず謝って欲しい

女性→男性

「ウソをついてごめんなさい」
（事実についてまず謝る）

ウソをついているときに多いしぐさ

えっ
残業に
決まってるだろ
キョロ
キョロ
ドキ
ドキ
浮気バレた？
ソワソワ

女性は
ウソを見破る能力が
高いんだニャ

ピノキオ効果　嘘をついたときに、起こる「ピノキオ効果」という現象がある。サーモグラフィーで顔の体温を測定すると、鼻周辺の体温が上昇することが、心理学の研究で確かめられている。童話「ピノッ ↗

男性は女性のウソにだまされやすい

女性のウソは
バレにくい
といわれます
なぜなのでしょう？

女性は相手をじっとみながらウソをつく

男性のウソは見破られるけれど、女性のウソは見破られないといわれます。これは、女性がウソをつくのが上手というよりむしろ、**男性のウソを見破る能力が劣っていることにある**ようです。例えば、人は相手のウソを見破ろうとするときよく「目をみて話しなさい」といいます。やましいとつい目をそらしてしまう反応からきているのですが、女性に限ってはこの法則があてはまりません。

これについては過去にアメリカの心理学の研究で行われた実験でおも

女性のほうが
したたかニャの
かも

男性は女性のウソを見破りにくい

男の勘違い
ウソをついているときは、目が泳ぐはずだ！
目をそらさないということは、真実をいっているのだろうか？
こんなに遅くまでどこにいってたんだ！オレの目をみて答えろ！
ムッ
目をそらさないぞ

が浮気をしたときや、別れ話を持ち出したときに関係していた。

しろい結果があります。

男女の被験者に集まってもらい、ウソをつくように指示し、面接をさせました。すると、**男性は視線をそらしますが、女性はかえって相手のことをじっとみつめる傾向**がありました。

男性は、自分が嘘をつくときはつい目をそらしてしまうので、目をみて話してくる女性はウソをついていないと錯覚してしまうのです。

「男のカン」はあてにならない

また、女性は男性よりバランスよく脳を使って、話をしながら相手の反応をうかがうことができるため、ウソをつかれていると「変だな」といったいわゆる「**女のカン**」が働きます。

一方男性は、女性に比べて相手の感情を読み取って、総合的に情報を判断する直観力が劣っていますから、違和感があっても、自分で理屈をつけておさめてしまいます。男性はウソをついても、ウソを見破るのは苦手なのです。

恋愛豆知識

男性が苦手なデコーディング能力とは

心理学においてのデコーディングとは、相手の感情を理解したり推測したりすることをいいます。女性は男性よりデコーディング能力が優れていることが様々な研究からわかっています。古代から子どもを産んで育ててきた女性は、赤ちゃんの泣き声や表情から何を欲しているかを感じ取れるデコーディング能力が必要不可欠なのでしょう。

女性のウソはバレにくい

なによ！
本当は浮気
A子がフラレたからなぐさめていたのよ！
女性は、目をそらさないで堂々とウソをつく

夫は妻の浮気に鈍感だが… 妻の浮気がわかったときの衝撃は夫のほうが激しく、アメリカで配偶者を殺した男女を対象に実施した面接調査では、殺人に発展した夫婦ゲンカの原因で最も多いのが、妻↗

不倫がやめられない理由とは？

結婚しているのに、次々に恋人をつくる人…その心理は？

不倫にはまる心理とは？

次から次へと不倫を繰り返す人がいます。しょっちゅう不倫や浮気をする人には一つの共通点があります。それは、**そもそも現状の生活に満足しておらず、幸福感が低いこと**です。

今は幸福ではないけれど、新しい恋をすればきっと幸福が訪れる、そう思いこんでいるのです。そのため今の愛人との関係が破たんしても、また次の愛人をつくります。

満たされない心をいつも抱いている

恋愛に依存する人は、**自分の幸福が、すべて他の何かが満たされれば実現すると思い込んでいることが少なくありません**（236ページ参照）。

不倫の場合、**配偶者との欠けた愛の穴埋めで始まることが多いのですが、いつの間にか自分の生活全般の穴埋めになってしまう**のです。

けれども、愛人との身体が触れ合うことによって得られるものは、その場だけの「満たされた感じ」でしかすぎません。人とのつながりや愛を信じられていないために、常に孤独感にさいなまれています。

本質的な部分で満たされない限り、何度恋愛しても心の寂しさは埋められません。その点に気付かない限り、いつまでたっても幸せにはなれないでしょう。

と心を移すことで単なる気の迷い、いつかは元に戻ることが多い。一方不倫は、家庭や友人関係を一気に崩壊させる危険をはらむ。

不倫の奥底にひそむ気持ちとは……

不幸せ
夫がもっと私を大事にしてくれれば、不倫なんてしないのに
もっとお金があったら、幸せな気持ちになれたのに
子どもの成績がもっとよければ、子どもの教育に情熱を注げるのに
寂しい
むなしい

不倫にはまるスパイラル

不倫
↓
愛だけではなく、自分の生活全般の穴埋めになっていることが多い
↓
完全に満たされることはない

満たされないの…
満たされない思いから解放されない限り、また不倫を繰り返すのだニァ

不倫と浮気の違い　浮気は配偶者、もしくは婚約者や恋人があるにもかかわらず、他の異性に気が引かれたり、関係を持ったりすること。不倫は、男女関係で人の道に背くこと。浮気は異性から異性へ ↗

許せる浮気と許せない浮気

浮気の受け止め方は男女で違う

許せない浮気のポイントは、男女によって違いがあるようです。アメリカの心理学者の調査によると、男性の多くはパートナーの「性的浮気は許せない」と答え、女性の多くは「精神的浮気は許せない」と答えたそうです。**つまり男性は、パートナーの肉体的な浮気に大きく動揺し、女性はパートナーの精神的な浮気に大きなショックを受ける**ということです。

この男女差はどこからくるのでしょうか。進化心理学からみると、こんな答えがみえてきます。男性は、生まれてくる子どもに自分の子どもだという確信がないために、パートナーの肉体的な浮気に非常に敏感に反応します。一方女性は、男性の精神的な浮気は、自分と子どもの養育を放棄することにつながっていくために、精神的な浮気をおそれるというわけです。

浮気を正当化するフレームを持つことが問題

74ページでも述べましたが、浮気は、他の異性に心が動かされるといった感情の部分以外にも、自分の浮気を正当化する気持ちが働きます。たとえば、自分の親が浮気しているのを知れば「自分だって浮気していいのだ」といったフレームをもってしまうのです。**浮気行動を正当化することで、浮気に対する罪悪感が減って、浮気を繰り返しやすくなります。**

浮気に対する
反応は、
男女で不快に思う
ポイントが
違うようです

た子どもが自分の子であるという保証がないため、多くの女性と性的な関係を持ち自分の子孫を残そうとするとされている。

許せない浮気とは？

女が許せない浮気
男の精神的な浮気
カーッ
あはん♡
キ〜ッ
男が許せない浮気
女の肉体的な浮気
男は肉体的浮気を、
女は精神的浮気を
許せニャイのだ

恋愛豆知識

精神的な浮気は離婚につながりすい

離婚に至る浮気について、調べた調査があります。それによると、離婚したカップルほど精神的な浮気をしている傾向があることがわかりました。これは、男女に共通する傾向でした。肉体的な浮気は一時的なものと思えても、精神的な浮気は浮気されたものの心の傷をより深くしてしまうようです。

浮気を正当化すると浮気に走りやすい

浮気は
芸の肥やしや
正当化
あんたっ
妻
浮気は
男の甲斐性や

進化心理学　人の心理メカニズムの多くは、生物学的な進化の中で形成されてきたとして、進化生物学的なアプローチから人の心理を研究する心理学の一分野。進化心理学によれば、男性は生まれてき ↗

お互い好きなのに別れてしまう理由

男性の過去を責めて性格攻撃するのは危険

ささいなことで始まったケンカがエスカレートして、別れてしまうことがあります。多いのが、女性が相手の性格を攻撃しているうちに、ケンカが激化してしまうパターン。

たとえば、夫が約束を破ったことから始まったケンカ。女性の特性として、芋づる式に夫が約束を破ったエピソード記憶を想い出しては責め立てて「だからあんたは嘘つきなのよ！」と**相手の性格全般を否定する言葉でトドメを刺そうとします。しかし、この種の性格攻撃型の言葉によるケンカは非常に危険**です。

男性からすれば、自分の行動の具体的な批判であれば、どこをどう直せばよいかもわかり、反省の余地もあるのです。しかし、**性格攻撃は人格否定につながりますし、どのように行動を変えればよいかもわかりません。**

この種の性格攻撃を女性からされると、男性はまともな口げんかではなく、暴言（暴力ＤＶ）でしか対抗できなくなるのです。

15分以内に謝るルールで危険を回避

思いあたる人は、よいケンカの仕方のスキルを身につける必要があります（１７６～１８１ページ参照）。また、**ケンカをしても15分以内で謝るルールをつくっておくこと。**口ゲンカから別れに至るパターンを回避することができるでしょう。

ケンカの仕方を
間違えると、
嫌いじゃないのに
別れてしまう
危険があります

過去より未来に焦点を　相手の過去を責めるより、今の課題をいかに解決していくか、未来に焦点をあてて話すことがケンカを泥沼化させないポイント。

引くに引けずに別れてしまうのはこのパターン

うう〜

トドメのひと言
だから、あんたはウソつきなのよ！
一週間前も
付き合った当初も
ズル
ズル
この前も
一年前も
過去

すんだことばかりをほじくり返される

↓

自分の行動のどこをどう直せばいいのかわからない

↓

性格否定でトドメの言葉をさされると……

↓

怒り爆発

別れを回避するには……

女性がついやってしまいがちなパターン
気をつけニャいとダメね！

「15分以内に謝る」ルールをつくっておく

15分以内
ごめんなさいっ
うむ

人格否定につながる言葉　その人の個性や性格、顔形や体型、生まれ、育ちなど、自分では直すことのできない事柄に関しての批判は、慎むべき（178ページ参照）。

自己愛の延長で恋愛する男性は、結婚から逃げる

男性の
マリッジブルーとは、
どんなもの
なのでしょうか

責任を持つことの重圧から憂うつに

マリッジブルーは女性特有のものと思われていますが、マリッジブルーになる男性も少なからずいます。どんな心理が働いているのでしょうか。

女性のマリッジブルーは、生活の変化に対する不安が大きいのですが、男性の場合は結婚に対する責任を重く考えるようになり、その重圧から逃げたくなることがあるようです。

自己愛の延長でしか愛していない

男性にとっての結婚は、パートナーになる人の人生にまで〝責任を持つ〟ということですが、自己愛の延長でしか相手を愛していない男性は、その部分にプレッシャーを与えられると逃げたくなってしまうのです。この場合の「自己愛の延長」とは、自分のプライドや自分の都合に便利（例えば相手をSEXの対象としてみているなど）といった内容の愛の形をさします。

そこには相手の悪いところも含めて全体を愛しているような事はなく、あくまで自分のプライドをくすぐるようなかわいさ（友人に美人と一緒にいるところをみられるのがカッコイイと思うなど）にしか目を向けていません。

こんな及び腰の彼に結婚を望んでもよい結婚生活は送れません。一生をともにして幸せをつくれる相手か、考えてみてはいかがでしょう。

自己愛　自分を大切に思う気持ちのこと。自己愛に傷を持っていると、常に誰かに称賛されていないと不安になる。

自己愛の延長で相手をみている男性

男と女のマリッジブルーの違いとは？

♀ 女のマリッジブルー

- 本当にこの人でいいの？
- 結婚準備を手伝ってくれない彼への不満
- 実家から離れる不安と孤独感
- 新しい生活への不安

など

↓

感情的な部分が大きく左右する

↓

結婚のプレッシャーがかかると逃げ出したくなる

♂ 男のマリッジブルー

- 守るべき家族ができる責任感
- 経済的な問題
- 独身生活の自由さとの決別

など

↓

現実的な部分が大きく左右する

勢いで結婚を選んでいないか、ゆっくり考えてみるいい機会ニャのかも

マリッジブルー　幸せいっぱいの結婚を前にして、憂うつで不安になってしまう状態。結婚を前に60～70%の男女がマリッジブルーになったという報告もある。多くは結婚までに解消している。

男性は釣った魚にエサをあげない？

男は目的を達成してしまうと興味が薄れる

「付き合う前と後では彼の態度が違う。最近、全然やさしくない」。こんな不満を持つ女性も多いのでは？　どうして男性は付き合い始めると態度を変える人が多いのでしょうか。

それは、**男性の狩猟本能に起因**します。太古の昔、男性は獲物を捕まえることが大切な使命でした。その影響で、男性は目的志向。獲物を得るまでは、過程も含めて「目的を達成させる」ことが生きがいなのです。

釣った魚にエサをやらなくなるのは、獲物（恋人）を手に入れた時点で狩猟本能が満たされてしまうから。こんなとき、**相手をなじるのは逆**

彼女の愛（目標）が手に入るまで

今日も
ステキだね！
うれしい♥
猛アタック
明日も会える？
男の狩猟本能が騒ぐ

付き合ったとたん
態度が変わる
男性の心理は
どこに
あるのでしょう

男の狩猟本能　男性は獲物を狩る「狩猟本能」があり、獲物（女性）が手ごたえがあるほど狩猟意欲がかきたてられる。

効果。彼の眼を他の女性（獲物）へと向けさせてしまうことになります。

ポジティブ感情が男を追いかけさせるカギ

では、どうしたらいいのでしょう？ 男性の「獲物を手に入れたい」という狩猟本能を刺激し続ける女性でいることが大事です。「彼に嫌われている？」とマイナス感情でいると、無意識のうちにそれが相手に伝わります。

逆にモテる女性は「この人は私のことを好きで当然」という態度で接することが多いもの。**自己肯定感を持ちポジティブ感情でいられると、男性は「うかうかしていると、釣った魚に逃げられてしまうぞ」と危機感を覚え**、目が離せなくなってしまうものなのです。

ポジティブ感情こそ、釣った魚にエサを与え続けさせる原動力になるのかもしれません。

「もう、オレのもの」といった安心感を与えニャいほうがいいのね

目標を達成してしまうと…

こんな男性は要注意！

釣った魚に興味がなくなるのは、男の本能的なハンター気質ですが、自分にしか興味がない自己愛が強い男性ほどその傾向が強く、本来なら、恋人のことを大切に思っていたら、釣ったあともエサをあげて愛をはぐくんでいくはずですが、付き合ったとたんに女性に対する扱いが雑になります。

まったくエサをあげようとしない男性なら、こちらからスルリと逃げてしまったほうがいいのかもしれません。

バイバ〜イ
ゲット
えっ、送ってくれないの？
目標達成。次の獲物へ
じゃ、ボクはここで。

結婚をしたら変わる女性　釣った魚にエサをやらない男性同様、結婚するまではかいがしくふるまっていた女性が、結婚という目的を果たしたとたん、態度が豹変することがある。

男性のほうがDVしやすいのはなぜ？

女性のDVも
あるけれど、
やはり圧倒的に
多いのは男性のDV
その理由とは？

力と支配でコントロールしようとする

DVとは**ドメスティック・バイオレンス**の略。恋人や夫婦など親密な関係にあるパートナーから繰り返しふるわれる暴力のことをいいます。

暴力というとなぐったり、蹴ったりする「身体的な暴力」が真っ先に思い浮かぶかもしれませんが、その他にも言葉による暴力や性的な暴力、生活費を渡さない、働きに行かせないといった経済的な暴力、友人に会わせないなど女性の行動を制限するような社会的暴力もDVに含まれます。

DVをする男性は、粗野なイメージがありますが、一見優しそうにみえる人も多く、高学歴でエリートの人にも多くみられます。

DV加害者には、**嫉妬深さや支配的な態度、相手への過剰な期待と依存**などいくつかの共通した傾向があります。加えて男性がDVしやすいのは、**テストテロン**の分泌が多量であるといった身体的・生理的な問題と、女性に比べると、自分の考えや気持ちを言葉で伝えるのが苦手というコミュニケーションの貧弱さも大きな要因のようです。

しかし、いずれにしてもDVは犯罪行為であることを忘れてはいけません。またDV加害者は、パートナーが逃げていくと、**ストーカー**となって付きまとうケースもあるので注意が必要です。

ストーカー規制法・DV防止法の改正　ストーカー規制法では、メールも規制対象に。DV防止法は同居中及び同居解消後の元交際相手も対象に。

主なDVのタイプ

身体的暴力　殴る、蹴る、引きずり回す、物を投げるなど

クズ!!
死んでしまえっ

言葉による暴力　大声で怒鳴ったり、ののしったり、無視をしたりするなど

性的な暴力　性行為を強制する、避妊に協力しないなど

ストーカーにご用心

年々増えるストーカー事件。2013年に東京・三鷹で起きたストーカー殺人事件など、近年凶悪な事件があとを絶ちません。

ストーカーになる人は、もともと自分本位で、思い込みが激しいことが多く、自分の自尊心を満足させるためだけに、特定の相手につきまといます。ストーカーのターゲットとなる人の気持ちを思いやるような、良心は持ち合せていません。

また、罪悪感がないのも特徴で、多くのストーカーは「自分こそ被害者だ」と思っています。そのため放っておくとどんどんエスカレートしていくので危険。早めに警察に相談して被害届を出しておくことです。

体にも心にも
様々な形で
暴力をふるうのがDV
なんだニァア……

DVとは？　「パートナー等の親密な関係にある（あった）者に対して身体的・性的・心理的攻撃を含む暴力を繰り返しふるうこと」とされている。

DV男と別れられない理由

DVを受けているのに
別れられない
女性がいます。
そこにどんな心理が
あるのでしょう

被害を受けても相談するのはひと握り

日本の女性の４人に１人がＤＶ（ドメスティック・バイオレンス　230ページ参照）にあっているといわれますが、実際に被害を相談する女性はほんのひと握り。内閣府の調査によると、その理由として「相談するほどのことではない」「自分にも悪いところがある」「愛情の表現の一つだと思った」と答える人が多いといいます。

なぜでしょう？　それは、**DVをする男性は、暴力の後に優しくなる特徴があるから**です。

ＤＶをしたあと男性は「もう二度としない」と大げさに謝ったりしますが、ある一定の時期が過ぎると再び暴力が繰り返されます。

「彼は本当の姿ではない」という思い込み

それでも女性が相手と別れないのは、「ＤＶをしているときの彼は本当の彼ではない。そのときだけがまんすれば、あとは優しい彼に戻る」と思い込んでいるからです。

女性は男性に比べて物事を部分評価しやすい特性があります。自分を持ち上げてくれたりする**いい面が一つでもあれば、社会的にはダメな男であっても許せてしまう**のです。

こうした感情から、しだいに**共依存の関係**にはまっていきます。どこかで**この悪循環を断ち切る勇気が必要です。**

早く、負の連鎖から
逃げ出さニャいとダメ！

DV被害の調査　内閣府の調査によると、結婚を経験した女性のうちＤＶ被害を受けた女性は３割にも上るという結果が出た。

DVのパターン

緊張の蓄積期

加害者の不安やイライラがつのり、被害者は緊張が高まる

暴力爆発期

心理的緊張がピークに達し、爆発的に暴力をふるってしまう

どがーん

ハネムーン期

加害者は反省して大げさに謝ったり、優しくなったりして親密になる

しかし…

DVしている彼は本当の彼ではない

「そのときだけがまんすれば、あとはやさしい彼に戻る」と思い込む

共依存　他者に必要とされることで、自分の存在意義をみい出すこと。「彼を支えてあげられるのは自分しかいない」と思うことで、自分自身の自己否定的感、空虚感を埋めようとする関係の持ち方。

見栄っ張りな男性と結婚すると苦労する

気前のよい男性は、
恋人にはいいけれど、
果たして
結婚相手としては？

男は誰しも、見栄っ張りな一面があるけれど

一般に男性は、デートのときにはおごりたがる傾向があります。**女性の前でいい格好をしたいし**、相手に親切にしているという自己満足感が得られるからです。

おごるというのは、相手によくみられたい自己呈示の一つ。男性は誰しも、「社会においてはそれなりの男にみられたい」という**社会的承認欲求があります。**

それ自体は悪いことではありませんが、お金にこだわる人では「おごる」という行為でしか自分をよくみせる方法を知りません。

そうなると、懐具合が苦しいときでも気前よく周囲におごり続けることになります。

自信のある人は、不必要な見栄は張らない

「おごる」という行為に限らず、見栄っ張りな男性は、ブランド物で身を固めたり、一流レストランでデートしたがる傾向があります。楽しいデートになるかもしれませんが、そういう男性は、浪費家で借金癖があることが多いので要注意。**結婚後は女性が苦労**します。

そのほか、威張る、虚勢を張るなども男性特有の見栄っ張りな一面ですが、そういう傾向が強い人ほど、本当は自分に自信がありません。

気前がよいからといって必ずしも金持ちとは限りませんし、ちやほやしてくれるからやさし

自己呈示　他者から好意的な評価を受けたり、好感度を高めることを目的として、自分にとって望ましい印象を与えようとする振る舞い。

見栄っ張りな男に要注意

見栄を張る心理

社会的承認欲求

- 満たされていない
  - **他のところで社会的承認欲求を満たそうとする**
    - ・お金を使って認められたい
    - ・ブランド物を身につけて認められたい
    - ・人を見下したり威張ったりして、服従させようとする
- ある程度満たされている
  - 不必要な見栄を張る必要はない

すてきっ

恋愛中

気前のよい男は恋愛中は楽しいけれど……

い人であるとも限りません。また「強気の男性＝自分に自信がある」わけではありません。**本当に自分に自信がある男性は、不必要な見栄を張らなくてもすむ**ということを覚えておきましょう。

10000
10000
10000

紳士服
よくお似合いです
10万円
ブランド
高級

結婚後

浪費家だと結婚後に苦労することが多い

あとで、
後悔しないためにも
見栄張り男を見極める
目を持とうニャン

社会的承認欲求　自分を取り巻く社会や人間から認められたいという欲求。男性は女性と比べてとくに社会的承認欲求が強い。

永遠に満たされない恋愛依存の心理

常に恋人がいないと不安になる

恋人と別れても、すぐまた次の相手をみつけて、いつも誰かと付き合っている状態の人がいます。傍からみると一見うらやましく思えますが、**「恋多き女」「恋多き男」を自負する人は、実は「恋愛依存症」であることが少なくありません。**

「依存」というのは、それなしではいっときもいられない状態をさします。

「恋愛依存症」は、常に恋人がいないと不安になるものです。一人になるのが怖くて本当に好きではない相手とも付き合ってしまうため長続きせず、次々と新しい恋人を探すことになります。

求めても求めても満たされない

自分に自信がない
きっと私を助けてくれる
白馬の王子様
仕事がうまくいかない
将来が不安
白馬の王子さまが現れれば幸せになれる

依存が起こるしくみ

- 自分に満足できない
- 孤独
- 劣等感
- 強いストレス

など

「恋多き女」、「恋多き男」の心の底に潜む闇とは？

ホで寝不足になっているなどに思いあたる項目があれば要注意。スマホ依存の可能性が。

問題が解決しない限り、依存がやめられない

依存症はすべてがそうですが、何かに依存するということは、**本当に求めるものが得られないために、代わりのものにすがりついて満足を得ようとする**ものです。

それがパチンコなどのギャンブルだったり、過食だったり、恋愛だったりします。けれども、根本的な問題が解決されない限り、心がいつまでたっても満たされず、依存がやめられません。

「○○さえあれば、自分は幸福になれる」といった思いこみは間違っています。何かをした結果ではなく、その原因でもあるのです。

一人でいても幸福と思えること。そういう状態があってこそ、幸福な恋愛ができるのです。

幸せは、相手が運んでくるものじゃなくて、自分がつくるものニャのね

依存が起こるしくみ

依存対象
のめりこむことでいっとき不安が忘れられる

- **モノ**：アルコール、タバコ、薬物など
- **行為**：買い物、メール、ギャンブル、仕事など
- **人間関係**：恋愛、親子関係など

↓

脳内の快楽ホルモン「ドーパミン」の量がアップ

↓

ますます依存していく

そして20年後……

恋愛にすがろうとしていると、いつまでたっても満たされない

スマホ依存症　最近目立ってきたのがスマホ依存症。四六時中スマホが離せない状態で、健康を害したり社会生活にも影響が及ぶ。朝起きてすぐにスマホをみる、ベッドでもスマホを手放せない、スマ ↗

恋愛依存は、幼少期の親子関係が誘因

絶えず誰かと付き合っていないと不安になる「恋愛依存」。その原因は？

親に愛されていないと、自己肯定感が薄い

恋愛依存症の根本的な問題は、幼児のときに親子関係で親に満たされた愛を受けていないことにあるという調査結果があります。

親との密着度が高いのが3歳頃までです。この頃に、親の温かい愛情に包まれていると子どもにとって親が安心・安全の拠点になっているので、色々なことにチャレンジすることができるのです。

ところが、親が子どもに適切な愛情や関心を払わないと、安心できる拠点がありません。するとチャレンジすることに臆病になって、自分に自信が持てなくなります。仮に新しいことにチャレンジして成功したとしても、親からの反応が薄いために「自分は愛されてない」といった感情がつのります。

幼児期の親子関係が人間関係の原点になる

幼児期の親子関係は、人間関係をつくる土台になります。この時期に、愛が満たされていないと、大人になってから愛を満たそうとします。けれども、**他者に自分の心の「不足感」を埋めてもらおうとしても、満たされることはありません。**金持ちになれば、結婚すれば、痩せてきれいになれば「幸せになるのでは…」。**幸せ幻想の多くは、根本に自分を愛せていないとい**うことがあるようです。

と、成長したのちも人から認められたい気持ちが強く、また他人のちょっとした否定の言葉から、自分を全否定されたと感じたりする。

幼児期の体験

親の適切な愛が得られない

↓

自分を信じる力が育たない

↓

幼児期の不満や怒りが心に傷として残り、他のものでそれを満たそうとする

↓

自己肯定感を育てるためには、幸福度を高めることが大事（26ページ参照）

常に恋愛をしていないと気がすまない人は…

前の彼
恋人がいないと不安なの
次の彼
恋愛依存症

幼少期の寂しい生い立ちが関係していることも

自分を愛せない……
あっち行ってなさい
不足……
ママ……
自分を愛するためには、幸福度を高めることが大切ニャンだね！

幼児期の親子関係と自己肯定感　子どもが初めて持つ人間関係が親子の関係であり、このときの体験がその後の人間関係を築く上での基本となる。親から認めて欲しいという気持ちが満たされていない ↗

尽くしすぎる恋は長続きしない

「尽くしすぎると嫌われる」という恋愛方程式には、どんな心理が働くのでしょう

尽くされて満たされると傲慢になる

愛する人に献身的に尽くす人がいます。「こんなに尽くしているのだから、嫌われるはずはない」と思い込みがちですが、実は**尽くし過ぎると、相手からの愛が得られにくい**し、また、関係もうまくいかないことが心理学の多くの実験や調査で明らかにされているのです。

なぜでしょうか。人の気持ちは勝手なもので、すぐに手に入る愛は色あせてみえます。**恋愛にはある程度「飢えの体験」というのも必要**です。

何事も「〜しすぎ」は
よい結果を
招かないんだニャア

相手が献身的に尽くしてくれて、何でも満たされていると、尽くされる側はいつの間にか**「やってもらうのがあたり前」**という感覚を持ち始めます。知らず知らずのうちに傲慢になり相手を見下したりして、公平な関係性がつくれなくなっていきます。

けれども少し足りないくらいの部分があれば、

恋愛豆知識

尽くす女の心理は？

人のために役立っているという思いはその人の幸福度を上げます。賢明な女性がヒモのような男に尽くしているケースでは、ヒモ男に貢献していることがその女性の幸せ度になっていることが少なくありません。「もし私がいなくなったら、この人はダメになるのでは」という思いから離れられないのです。

どん傲慢になっていくことが多い。尽くすことによって愛が深まることは期待しないほうがよい。

それに対して自分なりに努力するようになりますし、相手が何かやってくれたときには相手に感謝の念を持てるようになります。

バランスが取れているほうが長続きする

相手との関係づくりを大事にしようと思うなら、尽くし過ぎないほうがいいのです。

恋愛はシーソーゲームと同じ。相手が望んでないことまでしていると片方だけに重みがかかって、シーソーのバランスが崩れてしまいます。

ふたりの関係の**バランスが取れていないと恋愛は長続きしない**のです。

尽くしすぎると相手は傲慢になる

恋愛豆知識

「カップルの公平感」と「セックス」の関係

「カップル間の公平性」を調べたある調査では、「相手から恩恵をあまり受けていない」と答えた人と「相手から恩恵を受けすぎている」と感じている人は、セックスを避ける傾向があることがわかりました。

性的な関係においても、互いに公平と感じているカップルのほうがうまくいくようです。

献身的に尽くしても見返りは少ない 尽くす人は、無意識のうちにそれに見合った見返りを求めてしまう。けれども、尽くされる側は献身的に尽くされることに対して居心地の悪さを感じるか、逆にどん ↗

大恋愛のあと強い憎しみが残るのはなぜ？

「かわいさ余って憎さ100倍」に潜む心理とは？

愛と憎しみはコインの裏と表

大恋愛の末に結ばれたカップルが、別れるときには互いに憎悪をむき出しにして相手をののしり合うことがあります。**愛が深いほど、それが転じたときは、強い憎しみに変わることが多いようです。**

心理学の父**フロイト**は、愛や憎しみなどの強い感情は、コインの裏と表のように同時に存在するものだと説いています。だから、人間は特定の人に対して愛情や好意を感じると同時に憎しみや嫌悪感も覚えやすいのです。

「愛」と「憎しみ」のような真逆の感情が突然入れ替わることを、心理学の言葉では「カタスト

愛が少なければ憎しみも少ない

第2の恋人候補「キープ君」の場合
キープ君
ま、いいか…
愛
Level
30
0
−30
憎
軽っ！

そこそこの愛なら憎しみもそこそこ

いない」と考える。このように「あのブドウはおいしくない」という認知の転換を行って心の安定を図るものが認知的不協和。

ロフィー理論」と呼びます。

愛情が大きいほど憎しみも増す

愛情の度合いが大きいほど、裏切られたときの反動が大きいといった心理状態は、心理学における**「認知的不協和」**という理論によって説明できます。人間には自分の行動を正当化したいという潜在心理があります。**愛していた者と別れるという事実が変わらない以上、相手を憎まないと自分の心のバランスが取れないのです。**

恋人と別れたあとストーカーになる男性心理も、ある意味この「認知的不協和」が働いています。男性は、自分のプライドに重きを置く特性があるので、自分を裏切ったものに対して執着心が出ます。その思いが過剰に出てしまうのが**ストーカー**です。また自分はそれなりの男だと自負しているのに、その自分を相手は愛さない。その怒りの感情が深刻なストーカー事件につながったりします。

愛と憎しみの大きさは比例する

大恋愛中の本命カレの場合
愛
Level
100
0
−100
憎
重っ！
本命君
あの女誰？
メラメラ
愛の修羅場は、心理学的に説明できるのね
愛が深ければ憎しみも強くなる

すっぱいブドウ　認知不協和の一例にイソップ寓話の「すっぱいブドウ」という話があげられる。あるキツネがブドウを取ろうとするが、高くて手が届かない。悔しさのあまり「あのブドウはすっぱいに違 ↗

反対されるほど恋の炎が燃え上がるが、消えるのも早い

道ならぬ恋ほど燃え上がる。ロミ・ジュリ効果ってどんなもの？

怒りの情動が恋愛感情に加算される

親の反対があったり、不倫だったり、男女の間に障害が多いほど、恋は燃え上がるもの。これを**心理学では「ロミオとジュリエット効果」といいます。**「ロミオとジュリエット」は、いわずと知れたイギリスの作家シェイクスピアの戯曲の名作。敵対する家同士に生まれながら、恋に落ちた二人。二人の仲を裂こうと周囲が躍起になればなるほど恋は燃え上がっていくのです。

そこには「**心理的リアクタンス**」という作用が働いています。これは、簡単にいうと、**人間には自分の行動や意見などを自分の自由に決めたいという心理があり、その自由が脅かされると反発して、より自由に執着するという理論**。自由さの制限が強いほど抵抗感が強くなります。

強引な反対はかえって心理的抵抗を強めてしまうんだニャ

障害がなくなると恋の炎も沈静化する

「食べてはいけない」といわれるとよけいに食べたくなったり、何かを強制されるとやる気が失せるのも、心理的リアクタンスの作用によるものです。したがって、周囲が二人の恋を無理に裂こうとせず、冷静にみているほうがよいのです。周囲の反対がなくなると二人の愛は急速に冷めていくことが多いものです。

てしまうことがある。これをブーメラン効果という。

反対されればされるほど燃え上がる「ロミオとジュリエット効果」

恋の炎
メラ
メラ
メラ
あんな男は
ダメに
決まっとる！
あの娘は
うちの家風に
合いません！

障害がなくなると……

あれ？
あんなに魅力的に
感じたのに、
しゅるる
急に恋愛感情が
冷めてしまった。
なんで？

リアクタンス効果

絶対にダメ！
態度や行動の
自由が脅かされると
脅かされた自由を
回復しようとする
反発作用が働く
説得方向とは
逆の方向に向かう

ブーメラン効果　「ロミオとジュリエット効果」で二人の恋が燃え上がっているときに、周囲は頭ごなしに反対しがち。けれども説得するつもりが、相手の強い反発を招いたり、さらに愛の炎が燃え上がっ ↗

夫婦の気持ちが冷めるとき

倦怠期が来るのは避けられない運命

熱烈に愛し合っているときは「結婚」を二人のゴールのようにとらえていますが、これからが本番。**結婚は人生という長い道のりを二人で一緒に過ごしていくスタート地点なのです。そして結婚と同時に愛の形も「情熱」から「愛着」へと、恋愛時代とは違ったものに変わっていきます。**

その転換期となるのが、結婚4年目（210ページ参照）。「夫婦の愛が冷めてしまった」と感じるようになります。太古の時代から受け継がれてきた遺伝子情報により、情熱的な愛が弱まってしまうことは避けられない運命なのです。

結婚はゴールではなくスタート

恋愛中
結婚
スタート
結婚後
熱烈な恋愛をして結婚した夫婦もやがて愛情が沈静化するときがきます

恋愛は短距離競走、結婚はフルマラソン。息切れしないように、互いにいたわりあう気持ちを！

様に、適正に分泌・作用されることで精神的な健全性が保たれ、不足すると「うつ病」の原因になるともいわれている。

ワクワク体験で、恋愛時代の脳回路が復活

けれども、複数の実験で倦怠期を乗り越える有効な手段があることがわかりました。それは、**夫婦でワクワクしながら何か新しいことを試みること。**このことにより夫婦の幸福度が高まることが多くの研究結果でわかっています。

ある実験では、長年連れ添った夫婦を集めて、一つのグループにはおなじみのデートを、他のグループには今までやったことのない新しい経験をしたり、新しい場所に行ってもらいました。その結果、ふだんしないことをしたグループはそうでないグループと比べて、結婚生活に対する満足度が目にみえて上がっていました。

長年連れ添った夫婦でも二人で**「ワクワク体験」をすれば、恋愛初期の頃と同様、脳の報酬系が活性化して、脳がドーパミンやノルアドレナリンで満たされるということです。**

ロマンスを再熱させよう！

ワクワク体験
↓
ドーパミン↑
ノルアドレナリン↑
↓
恋愛初期と同じ現象

次は何しようか！
わくわく♪

ワクワクすることを夫婦でやってみよう

ワクワク体験でドキドキがよみがえるのだニャ

ノルアドレナリン　自律神経のうち、興奮や緊張感をつかさどる交感神経の作用と深くかかわる神経伝達物質で、人間の身体能力をアップさせる働きを持っている。ノルアドレナリンは、セロトニンと同 ↗

セックスをすると男性は冷める

男性はゴール、女性はスタート

肉体関係を持ったら彼が冷たくなったという話を聞きます。女性にとっては大きな問題です。

結論からいうと、セックスを目的にした関係だと、確かに男性はそういう傾向があります。**男性は生理的な欲求としていっときの快感を求める気持ちが強いので、セックスが一つのゴールであった場合は、肉体関係を持ったとたんに目的を果たしたことになります。**

一方、女性は雰囲気やロマンチックな気持ちを大切にして、セックスは、二人の関係の始まりだと考えま

幸福度の低い男性と付き合うと、女性も不幸になるのだニャ。

恋愛豆知識

男には誰にでもあるクーリッジ効果

「新しいメスの存在がオスの性欲を活気づける現象」を**クーリッジ効果**といいます。米元大統領クーリッジ夫妻が養鶏場に視察に行ったときの以下のエピソードが語源になっているそうです。

養鶏場の視察で、大統領より先に鶏小屋に訪れた大統領夫人が「いったい雄鶏は、一日何回くらい雌鶏に求愛するのか」と尋ねました。飼育係が「何十回も」と答えると、夫人はうれしそうに「その話を主人にしてください」といって、去って行きました。

次に大統領が訪れ、飼育員がこの話をすると、大統領は「なるほど。では、その雄鶏は同じ相手に求愛しているのですか？」と尋ね、飼育係が「毎回違う雌鶏です」と答えると、大統領はにやりと笑って「その話を私の女房にしてもらえないか？」といったそうです。

女にはわからない男の生理があるようです

オーガズムの男女差　セックスのとき、女性はゆっくりと快感が高まっていくのに対し男性は一気に昇りつめ、その後は急速に快感が失われていく。

恋愛マンガ セックスが目的の男性は……

す。そこに男女の感情の行き違いがあります。

幸福度が低い男性は女性を大切にできない

ポジティブ心理学の観点からみると、**相手の喜びは自分の喜びになるような関係が本来のセックスのあり方**です。幸福度が高く自立した男性なら、もっと女性を大切にするはずです。

セックスのあとあからさまに冷たくなる男性は、幸福度が低い証拠。いわゆる女性を性欲を満たす対象としてしか考えていないのです。

いつでもセックスさせてくれる「都合のよい女」にならないようにしましょう。

クーリッジ効果と浮気　オスは常に新しいパートナーを求めている。男性が浮気しやすい行動原理も、クーリッジ効果によって説明できるとされる。

ナットク！恋愛心理学コラム

ダメな男ばかり好きになる女性の心理

仕事をバリバリやっているしっかりものの女性なのに、金や女にだらしのないダメな男ばかり好きになる女性がいます。そこには、どんな心理が働いているのでしょうか。

実は、しっかりした女性ほど、自分自身に鎧をまとって無理をしてがんばっていることが多いものです。

上昇志向の強い男の前では、負けまいと肩ひじをはる女性も、すべてにだらしないダメ男の前では鎧をつける必要もありません。素の自分に戻って、自分勝手なことをいったり威張ったりしても、相手が受け入れてくれます。

人間には多面性があります。ダメ男といるときには、仕事でがんばっている自分とは違う自分を感じることができるのです。ダメ男と接することで出てくる自分の性格や行動が、ある意味新鮮だったり心地よかったりします。

また、男性に頼られることで、母性本能をくすぐられると同時に、女性は自分の存在価値を感じることができます。ダメ男と付き合う女性は、はたでみるほど不幸ではないのです。

人間の多面性　社会でみせる顔、家族にみせる顔、友人や恋人にみせる顔など、人というものは、ある場で一面をみせて、また別の場ではまったく異なった面をみせる。

結婚詐欺で だます心理とだまされる心理

結婚詐欺にあった被害者が「お金は取られたけれど、悪人ではなかった」と加害者を弁護することがあります。被害にあいながらもなぜ加害者を弁護するのでしょうか。

実は、結婚詐欺師は自分も相手を好きだと思い込むほど本気で演技していることが多いのです。その迫真の演技に、被害者はだまされてしまうのです。

詐欺までいかなくても、結婚しようと口先ばかりで行動の伴わない男性も、結婚詐欺師と同類で、自己中心的で虚栄心が強い人であることに間違いありません。

自分の利益が最優先ですから、ウソをついても罪悪感がありません。それどころか、自分と付き合うことで相手も楽しい夢をみたのだから、それに見合うだけの金をもらって当然だといったゆがんだ自負心を持っています。

最近は、出会い系サイトや婚活サイトなどで結婚詐欺師にあうケースが増えています。付き合っているうちに、違和感を覚えることがあれば、ひとりで問題を抱え込まずに、家族や信頼できる友人に相談してみてください。

詐欺にあいやすい人の特徴　頼まれると断りきれない、交友関係が狭い、自分だけは騙されないと思っている、感情が揺さぶられると動揺しやすい、権威に弱い、など

さくいん

あ

か

著者　匠　英一

認知心理学者。和歌山県出身。東京大学大学院教育学研究科を経て、東大医学部研究生修了。学生の頃から新宿で主婦達とのコラボによる学習塾創りに取り組み、そこで人に感動を与える喜びを知る。1990年に東大の研究者らと（株）認知科学研究所を設立。アップル社ほか（財）中央職業能力開発協会などのコンサルティングに従事。1995年にはネット機器販売会社に就職し、実務の場での心理研究をしながらマーケティング業務に携わる。現在、デジタルハリウッド大学教授として認知科学を教える一方、ビジネス心理の専門家として多数の企業の人材育成に携わる。とくに人の"しぐさ"や"メタファー（比喩）"のコトバを利用したコーチング法はマスコミでも話題に。また、日本ビジネス心理学会副会長として新しい心理検定試験の制度を設立。「ナカイの窓」（日本テレビ）にレギュラー出演するなど、マルチなビジネス家としても活躍中。著書は「しぐさと心理の裏読み事典」（PHP）、「心理マーケティング」（JMAM）、「ビジネス心理（全3巻）」（中央経済社）、「心理学の基本と実践テクニック」（フォレスト出版）、「認知科学:最強の仕事力」（高橋書店）など、累計80万部に及ぶ。

本文イラスト・マンガ　ホシノユミコ
本文デザイン　大木美和（em-en design）
編集・執筆　西宮三代（株式会社かぎしっぽ）
中出三重（株式会社 編集・企画エム・シー・プレス）
編集担当　齋藤友里（ナツメ出版企画株式会社）

ナツメ社Webサイト
https://www.natsume.co.jp
書籍の最新情報（正誤情報を含む）はナツメ社Webサイトをご覧ください。

本書に関するお問い合わせは、書名・発行日・該当ページを明記の上、下記のいずれかの方法にてお送りください。電話でのお問い合わせはお受けしておりません。
・ナツメ社webサイトの問い合わせフォーム
https://www.natsume.co.jp/contact
・FAX（03-3291-1305）
・郵送（下記、ナツメ出版企画株式会社宛て）
なお、回答までに日にちをいただく場合があります。正誤のお問い合わせ以外の書籍内容に関する解説・個別の相談は行っておりません。あらかじめご了承ください。

男心《おとこごころ》・女心《おんなごころ》の本音《ほんね》がわかる　恋愛心理学《れんあいしんりがく》

2014年6月9日　初版発行
2022年9月10日　第7刷発行

著　者　匠　英一《たくみ　えいいち》
発行者　田村正隆

発行所　株式会社ナツメ社
東京都千代田区神田神保町1-52　ナツメ社ビル1F（〒101-0051）
電話 03-3291-1257（代表）　FAX 03-3291-5761
振替 00130-1-58661
制　作　ナツメ出版企画株式会社
東京都千代田区神田神保町1-52　ナツメ社ビル3F（〒101-0051）
電話 03-3295-3921（代表）
印刷所　ラン印刷社

ISBN978-4-8163-5637-7
Printed in Japan
〈定価はカバーに表示してあります〉
〈乱丁・落丁本はお取り替えします〉